FUTURE
FITNESS

Matthias Horx

FUTURE
FITNESS

Wie Sie Ihre Zukunftskompetenz erhöhen
Ein Handbuch für Entscheider

Eichborn.

1 2 3 4   05 04 03

© Eichborn AG, Frankfurt am Main, Februar 2003
Umschlaggestaltung: Christiane Hahn
Lektorat: Waltraud Berz, Bad Soden
Gesamtherstellung: Fuldaer Verlagsagentur, Fulda
ISBN 3-8218-3979-1

Verlagsverzeichnis schickt gern:
Eichborn Verlag, Kaiserstraße 66, D-60329 Frankfurt am Main
www.eichborn.de

INHALTSVERZEICHNIS

Vorwort

Starten Sie Ihren Zukunftssatelliten !

Vor einigen Jahren nahm ich am Arbeitsworkshop eines großen Lebensmittelkonzerns teil. Es ging um neue Snacks und Convenience-Food-Produkte, anwesend waren neben den Lebensmittelchemikern und dem Markenmanagement auch die Vertreter der Werbeagentur und der Verpackungsdesigner.

Der Markenmanager forderte mich auf, mit meinem Impulsreferat zu beginnen:

»Herr Horx wird jetzt über die wichtigsten kommenden Megatrends im Verpackungsdesign von Snackfood-Produkten berichten!«

Schrecksekunde. Nicht nur Megatrends! Auch noch im Verpackungsdesign! Und die allerwichtigsten! Und *kommenden!*

Ich machte eine gewichtige, seherische Einleitungspause. Dann sagte ich:

»Grün. Und metallic. Mit Laschen!«

Irgendwie gelang es mir auch mit Humor nicht, das Verfahrene aus der Situation herauszubekommen. Ich hatte mich auf eine Präsentation über das sich wandelnde Mobilitätsverhalten der Bevölkerung vorbereitet, daraus sollten sich Ideen für die *veränderten Bedürfnisse* der Kunden und daraus Inspirationen für neue, marktfähige Produkte ableiten lassen! Doch der Kunde wollte *innerhalb seines Subsystems, seiner vorgefertigten Schubladen Fachwissen abfragen. Hard facts über die Zukunft!* Er wollte eine Art billige Marktforschung mit Zukunftseffekt!

Hier handelt es sich um ein fundamentales Missverständnis, dem der Trend- und Zukunftsforscher immer wieder begegnet. Es ist das, was ich als »Tunnelproblem« bezeichnen möchte. Der Blick in die Zukunft wird auf ein Teilproblem verengt, und von den Trendforschern wird nun erwartet, dieses Teilproblem durch eine möglichst »angenehme« Prognose zu lösen.

Seriöse, mit Geist und Verstand betriebene Trendforschung verfolgt jedoch eine andere Absicht. Sie möchte zunächst den Winkel, mit dem wir Märkte, Produktstrategien, Warenevolutionen betrachten, um eine gesellschaftliche, systemische, soziale Komponente erweitern. Sie möchte die vielen kleinen Wandlungsphänomene, die uns umgeben, in einen größeren Kontext einordnen. Unternehmen (und natürlich bisweilen auch wir als Individuen) möchten es sich aber gerne einfach machen. Sie möchten gerne Produkte »vertrenden«, die vielleicht hoffnungslos veraltet sind. Sie neigen dazu, aus Substanzproblemen reine Marketingprobleme zu machen. Sie suchen nach schnellen (und billigen) Antworten gerade da, wo es darauf ankäme, neue und ungewohnte, bisweilen unangenehme Fragen zu stellen. Dabei werden – hoppla hopp – die Betrachtungsebenen wild durcheinandergemischt. Stilistische Details werden mit Megatrends verwechselt. Soziale Veränderungen mit Werbesprache vermengt. Heraus kommt eine Art Gonzo-Trendmacherei, die eher auf wilden Behauptungen, anglizistischen Wortgetümen und verengtem Wunschdenken beruht – und natürlich zu Frustration führen muss.

Dieses »Eintopfrühren« ist auch im Reich des Journalismus weit verbreitet. Zum Beispiel ist in den Zeitschriften folgende Titelzeilen-Formulierung sehr beliebt:

Die Trends von morgen!

Ich habe keine Ahnung von den »Trends von morgen«. Und ich möchte behaupten, dass niemand diese haben kann – denn dafür gibt es kein kognitives Fundament! Trends sind nichts anderes als Veränderungsprozesse, die in der Gegenwart stattfinden. Man kann sie frühzeitig diagnostizieren und kartographieren, wenn sie erst »schwache Signale« aussenden. Man kann mit ihnen arbeiten. Man kann auf ihrer Grundlage *Zukunftsszenarien entwickeln, in denen man ihre möglichen Konsequenzen* schildert. Aber man kann nicht wissen, welche Trends morgen entstehen werden. (Das wäre nun reine Propheterie!)

Wenn mich Fotografen besuchen, um mich für eine Zeitschrift zu fotografieren, zaubern sie, nachdem sie Licht, Pappwand und Stative aufgebaut haben, meist ein kleines Accessoire aus dem Koffer, das ich dann standesgemäß beim Posieren in die Kamera halten soll. Ein Fernrohr. Meistens ein Piratenfernrohr. Wenn man da hindurch-guckt, sieht man, meistens unscharf, eine Detailvergrößerung – eine Taube auf dem Dach oder die Geranien der Nachbarin. Nein, Fern-rohre eignen sich, allen gegenteiligen Gerüchten zum Trotz, nicht als Handwerkszeug, denn sie verkleinern den Betrachtungsradius.

Wenn es ein angemessenes Instrument für die Zukunftsschau gibt, dann ist es – ein Satellit! Aus der Satellitenperspektive haben wir eine Übersicht über den blauen Planeten. Den Blick auf die langfristigen Wetterfronten, die seine Oberfläche überziehen. Auf seine Strukturen und Texturen. Wir können sehen, wie alles zusammenhängt und sich in ein Ganzes fügt, in eine Hoffnung, eine Struktur und eine Pers-pektive. Wie die Astronauten über eine komplexe, wunderschöne

Welt ohne Grenzen staunten, so können wir erst aus der Distanz *das ganze Bild* erfassen.

Dieses Buch soll Ihnen dabei helfen, sich symbolisch in den Orbit zu versetzen – um sich dann wieder, systematisch und mit veränderter Sichtweise, auf den Erdboden Ihres Geschäfts, Ihrer Branche oder Ihres Produkts zu begeben.

Im ersten Teil – FUTURE MIND – geht es um die mentalen Aspekte der Zukunftsschau. Um *Bilder*, die wir uns von der Zukunft machen. Um Vorurteile und Klischees. Das ist deshalb wichtig, weil die Sicht auf die Zukunft von kollektiven Übereinkünften geprägt, von Ängsten und Erwartungen verzerrt ist. Wir müssen deshalb zuerst nach unserem »Zukunftshintergrund« fragen: Wie *entsteht* Zukunft in unseren Köpfen? Welche Versuche gab es, Zukunft zu erfassen, vorherzusagen? Welche davon waren erfolgreich? In welche Richtung sollten wir unsere inneren Haltungen korrigieren, um eine möglichst realistische Sichtweise auf die Zukunft zu bekommen?

Im zweiten Teil – FUTURE TOOLS – erzähle ich Ihnen alles über den Werkzeugkasten der heutigen Trend- und Zukunftsforschung. Wie hängen die verschiedenen Trend-Ebenen zusammen? Wie grenzt man sie sinnvoll voneinander ab, so dass Unsinn wie »Megatrends im Verpackungswesen« nicht entsteht? Hier finden Sie auch eine Übersicht über die wichtigsten derzeit aktiven Megatrends und Konsumententrends. Über die »driving forces«, die Märkte, Konsum, aber auch die Lebenswelten der Menschen verändern.

Der dritte Teil – FUTURE BUSINESS – handelt von Umsetzungen und Anwendungen im Bereich der Waren, Dienstleistungen, Firmenkonzepte, Innovationen. Es geht um Kunden, Marketing, Strategien, um Beispiele und Evolutionsmodelle in bestimmten Branchen.

Und im letzten Teil – FUTURE FITNESS – setzen wir das Bild zusammen. Hier geht es um uns selbst als »Ich AGs« und »Selbst GmbHs«. Um Techniken, die uns als Individuen »zukunftsgewandter« machen können. Aber auch um strategische Grundvoraussetzungen von »zukunftsfitten« Unternehmen in den unruhigen und komplexen Marktumfeldern der Zukunft.

Sehen Sie das Ganze bitte wie ein Haus. Um unser Gebäude »future fit« zu machen, müssen wir zunächst den Keller aufräumen. Dort wohnen die Dämonen und Geister, die unerlösten Zukunftsängste und -visionen. Im Parterre findet sich das Forschungslaboratorium, wo es um Erkenntnisse, Methoden und das Grundhandwerk geht. Im ersten Stock kann man die »Küche« besichtigen, in der aus Erkenntnissen Realitäten werden. Und oben, im Dachgeschoss, hat man schließlich freien Blick auf den Horizont.

Wien/Frankfurt, im Winter 2002/2003

FUTURE MIND
ODER
WIE SIE SICH NICHT
INS ZUKUNFTSBOCKSHORN
JAGEN LASSEN ...

Man fliegt nur so weit, wie man im Kopf schon ist.

DER SKISPRINGER JENS WEISSFLOG

GLAUBEN SIE KEINEM PROPHETEN

Im Jahre 546 vor Christus plante Krösus, der unglaublich reiche König des sagenumwobenen Goldreichs Lydien, einen Feldzug, um seinen Reichtum weiter zu vermehren. Wie bei wichtigen Entscheidungen damals üblich, suchte er bei Institutionen Rat, die einen direkten Draht zu den oberen Instanzen, den Göttern, hatten. Zunächst unterwarf er die sieben renommiertesten Orakel, die im hellenischen Raum um Kunden warben, einem »pitch«. Er schickte Boten los und ließ fragen, was er, Krösus, am hundertsten Tag nach deren Abreise tue ...

Das Orakel von Delphi schickte wenige Tage später einen Boten zurück, mit der in Ton geritzten Antwort : »Ich höre den Stummen und den Schweigenden – und zu mir dringt der Geruch des Lammes und der Schildkröte, und Kupfer ist darüber und darunter.«

Da Krösus am Stichtag von einem wortlosen Koch in einem Kupferkessel Lamm- und Schildkrötenfleisch kochen ließ, war die Wahl klar: Krösus befragte – unter Zurücklassung einer großzügigen Spende – das Apollo-Orakel von Delphi, ob und wann er einen Krieg gegen die Perser anfangen solle. Die Antwort haben viele von uns in der Schule auswendig gelernt:[1]

»Wenn du den Halys überschreitest, wirst du ein großes Reich zerstören!«

Krösus sammelte also seine Heere und zog über diesen Fluss, der heute Kizil Irmak heißt und in der Türkei liegt, nach Osten. Und handelte sich eine Niederlage ein, die ihn einen großen Teil seiner Ländereien kostete, einschließlich seines Ansehens als unbesiegbarer Kriegsherr. Nachdem er sich aus der Gefangenschaft bitter über die »Irreführung« beschwert hatte, antwortete das Orakel – so berichtet es jedenfalls Herodot:

»Apollon weissagte ihm nur, er werde ein großes Reich zerstören. Er aber verstand nicht das Wort und fragte auch nicht, ob sein eigenes Reich gemeint war.«

Gemein. Perfide. Ein Fall für die Staranwälte der Gegenseite! Haben Orakel eine Geld-zurück-Garantie? Begründet sich hier eine Orakel-Tradition, die bis heute anhält – Scharlatane, die viel Dampf aufsteigen lassen und ihre Kunden nach Strich und Faden ausnehmen, mit imponierenden Power-Point-Präsentationen und wachsweichen Weissagungen?

Wer von Ihnen ist dafür, dass Krösus seine Opfergaben und Goldstücke zurückerhalten soll?

Andererseits: Wie erklärt sich dann der anhaltende Erfolg des Orakels von Delphi? Mehr als 500 Jahre lang, von 600 bis ca. 100 vor Christi, blieb Delphi eine mächtige und florierende Institution, die weit über alle Meere einen guten Ruf hatte: Herrscher, Staatsmänner, Philosophen, aber auch einfache Bürger, Kaufleute der hellenischen Stadtstaaten, suchten hier Rat. Und viele von ihnen kamen immer wieder! Auf den Tonscherben, auf denen die Prophezeiungen aufgezeichnet worden waren, fanden sich erstaunlich konkrete Ratschläge und Hinweise (Heiratsempfehlungen, Geschäftsvorschläge etc.), die, wenn sie allesamt falsch gewesen wären, ziemlich schnell den Ruf ruiniert hätten.

Das Orakel von Delphi
spricht Rat,
zeitgenössische Darstellung

Delphi ist aber weniger wegen seines Consulting berühmt geworden als wegen seiner Inszenierung. In einer Felsspalte hockte auf
einem Schemel die legendäre Pythia. Heute wissen wir, dass aus dem
Travertinstein Methan- und Ethan-Dämpfe aufstiegen, so dass der
Rauschzustand der Pythia wahrscheinlich nicht nur gespielt war. Ihr
mystisches Gebrabbel, das Augenzeugen zufolge »manchmal einem
Heulen und Schreien glich«, wurde dann von den Priestern des
Ordens in Verse gebracht. Die Kunden nahmen, um an einen Ora-
kel-Ratschlag zu kommen, eine Menge Entbehrungen in Kauf. Sie
kamen mit ihrem gesamten Hofstaat – Sklaven, Frauen, Tiere – und
mussten bei Wasser und Wein teilweise tagelang in fensterlosen Kam-
mern warten, bis das Orakel sich bequemte zu sprechen.

Aber diese Inszenierungen waren nur der »Showroom« des Visions-
Erlebnislandes Delphi. Im Hintergrund arbeitete ein Priesterorden
(über lange Zeit von Frauen dominiert), der das verfügbare Wissen

der damaligen Zeit sammelte und kartografierte. Man wusste genau
Bescheid, wer in Athen gerade gegen wen intrigierte und wie die Oli-
venpreise standen. Der Aufstieg von Sokrates (und damit die Ära von
Aristoteles und Plato) wurde von Delphi vorausgesagt, wenn nicht gar
politisch befördert. Die Priester konnten schreiben – damals eine Sel-
tenheit. Und verfügten über das damalig schnellste Kommunikationsmittel: laufschnelle junge Männer.

Delphi war eine Art Spionagezentrum der Antike, ein Geheim-
dienst. Ein »think tank«. Der Krösus-Schiedsspruch basierte auf einer
genauen Einschätzung der militärischen Kräfteverhältnisse. Der Del-
phi-Orden war gleichzeitig – und das war der eigentliche Kern seiner
Dienstleistung – *Katalysator der ersten demokratischen Evolution der
Menschheitsgeschichte*. Die Pythia insistierte auf Mäßigung bei Konflikten, beharrte auf zivilen Formen des Konflikt-Managements. Das
Orakel riet, auf Blutrache und Brunnenvergiftung, damals ein übli-
ches Mittel, zu verzichten.[2] Sokrates sollte später sagen: »Delphi
brachte viel Gutes über die öffentlichen Angelegenheiten unserer
Städte.«

Krösus hätte wissen können, auf welchen Prozess er sich einließ. Das Orakel testete seine Hybris – und Krösus fiel durch. Wer Augen zu lesen hat, der lese. Über dem Tor des Orakels stehen heute noch deutlich zwei Sätze:

NÜTZLICHE ZUKUNFTSFORMEL

Kenne dich selbst! γνῶϑι ζεαυτόν

Nichts im Exzess! μηδὲυ ἀγᾶν

ÜBERWINDEN SIE DEN ZUKUNFTSZYNISMUS

»Ich weiß buchstäblich nicht, was die Leute damit meinen, wenn sie sagen, man muss nach vorne sehen, um zu wissen, wohin wir gehen. Worauf sollen wir denn blicken? In der Zukunft gibt es für uns noch nichts zu sehen. Nach-vorne-Blicken kann doch nur bedeuten, dass wir in unserer Vergangenheit nützliche und humane Ideen suchen, mit denen wir die Zukunft gestalten können.«[3] So formulierte es vor kurzem der Medienkritiker Neil Postman. Noch trockener sagte es unser geliebter Karl Popper:

»We can know nothing about the future, otherwise we would know it!«

Zukunfts-Zynismus – also die Leugnung, dass die Auseinandersetzung mit Zukunft überhaupt einen Sinn machen kann – ist ein beliebter Freizeitsport, und er kann sich auf die Zitate kluger Männer berufen. Nichts ist leichter, als sich schenkelklopfend über die Unmöglichkeit jeder Prognose zu verständigen: Hoho – alles Unsinn – wenn nicht einmal die Wetterfrösche uns den Regenschauer von heute Nachmittag vorhersagen können!

Fallen wir also ruhig einmal ein in den Chor der Zukunftszyniker. Dabei brauchen wir noch nicht einmal die allbekannten Fehlprognosen-Bonmots zu bemühen, die heute jede zweite Rede schmücken (Dauerbrenner: die Prognose des »IBM«-Chefs Thomas Watson aus den 40er Jahren: »Es gibt einen Weltmarkt für vier Computer!«).[4]

Im Jahre 1910 wagte ein Dutzend abendländischer Publizisten und Denker aus dem deutschsprachigen Raum das ehrgeizige Projekt einer 100-Jahre-Voraussage. Sie erschien in Buchform unter dem Titel *Die Welt in 100 Jahren* in Berlin: 24 Kapitel über die Zukunft der Frauen, des Verkehrs, der guten Sitten, des Theaters und so fort. Hier einige Schlüsselzitate:

»Es gibt mancherlei, was wir trotz unserer Unzulänglichkeit voraussagen können. Zum Beispiel, dass das menschliche Vorwärtsstreben von jetzt ab weit schneller vonstatten gehen wird. In den kommenden Gärten werden Johannisbeeren wachsen so groß wie Damascenerpflaumen, Äpfel so groß wie Melonen [...] Obwohl jede Ortschaft ihr Theater hat, wird man nur in New York und Paris Theater spielen und dies mittels Fernharmonium auf den Schirm in alle Welt übertragen. [...] Nachts wird die Luft von Millionen Lichtern erhellt, und im tausendjährigen Reich der Maschine gleicht die Kriegsführung einem Schachturnier. Die Steppen Amerikas, die Dschungel Indiens, die Gletscherfirnisse der Alpen werden mit bunten, gen Himmel schreienden Plakaten bedeckt sein. Die Zahl der Wahnsinnigen wird irre steigen, das Verbrechen zur Domäne der

Frauen geworden sein, die beiden großen Bewegungen der Neuzeit, die Frauen- und die Arbeiterbewegung haben ihre Ziele erreicht, u.a. durch die Mittel, die Menschheit ohne Elternschaft fortzupflanzen.«

Das scheint wie wilder Unsinn, gemischt mit zeitüblichem Pathos. Allerdings: Wenn man genauer liest, finden sich einige erstaunliche Erkenntnisse. Und im Kapitel »Die Kommunikation der Zukunft« wurde so gut wie alles präzise vorausgesagt, was unsere heutige Kommunikationswelt ausmacht:

»Die Bürger der drahtlosen Zeit werden überall mit ihrem ›Empfänger‹ herumgehen, der irgendwo, im Hut oder anderswo angebracht, auf eine der Myriaden von Vibrationen eingestellt sein wird. Der Empfänger wird trotz seiner Kompliziertheit ein Wunder der Kleinmechanik sein. Konzerte und Direktiven, ja alle Kunstgenüsse und das Wissen der Erde werden drahtlos übertragen sein. Monarchen, Kanzler, Diplomaten, Bankiers, Beamte und Direktoren werden ihre Geschäfte erledigen und ihre Unterschriften geben können, wo immer sie sind, sie werden eine legale Versammlung abhalten, wenn der eine auf der Spitze des Himalaya, der andere an einem Badeorte ist ...«[5]

Grasen wir weiter auf der fruchtbaren Weide der Zukunftsirrtümer: Hermann Kahn, der wohl berühmteste US-Zukunftsforscher der 60er und 70er Jahre, ein Zwei-Zentner-Mann mit massivem Sendungsbewusstsein (er erfand zum Beispiel die »doomsday machine«, die Stanley Kubricks Film »Dr. Seltsam oder wie ich lernte, die Bombe zu lieben« inspirierte), machte 1968 in seinem berühmten Werk *Ihr werdet es erleben*[6] zusammen mit Anthony J. Wiener, unter anderem folgende technische Prognosen für das Jahr 2000:

• Wirksame Appetits- und Gewichtskontrolle; kein Mensch muss mehr wiegen, als er will,

- »Winterschlaf« zu Erholungs- und Therapiezwecken auch beim Menschen,
- Riesenunterseeboote für Massenguttransporte,
- Verlässliche Wettervorhersagen und Beeinflussung des Wetters durch den Menschen,
- Privatflugzeuge für jedermann.

Auch hier kann man mühelos die Formel »Der Wunsch ist der Vater aller Prognosen« erkennen. Doch diese sieben Fehltreffer sind lediglich ein kleiner Ausschnitt aus insgesamt 100 (!) Technik-Voraussagen Kahns, von denen die anderen 93 durchaus unser heutiges technisches Environment beschreiben. Zum Beispiel sahen Kahn und Wiener voraus:

- den Boom der Bankautomaten,
- den Siegeszug der Videorekorder,
- die GPS-Ortungssysteme,
- Hochgeschwindigkeitszüge.

Und wie steht es mit den »Trendbrüchen«, mit den völlig unerwarteten Ereignissen der Weltgeschichte? *»A trend is a trend is a trend.* But the question is: will it bend?« Wie es Alec Cairncross, Chefökonom der britischen Regierung, nach dem Krieg formulierte, lauern hier die wahren Fallen für die Zukunftsschau.

»Ich zweifle nicht daran, dass die Sowjetunion, dieses riesige ostslawische Imperium in die Endphase ihrer Existenz eingetreten ist «, schrieb der Dissident Andrej Amalrik in einem Essay des Jahres 1982.[7] »Zehn Jahre, nicht länger, wird dieses tönerne Imperium noch dauern, bevor es zu Staub zerfällt.« Prophetische Sätze. Aber wer wollte in der Hochphase des Kalten Krieges hören? Wir alle hatten uns in der bipolaren Welt des Kalten Krieges gemütlich eingerichtet – im Osten wie im Westen.

- 14 Jahre vor dem Untergang der Titanic, 1898, erschien ein Buch des Autors Morgan Robertson mit dem Titel *Wreck of the Titan*. In diesem Buch kollidiert ein 75 000-Bruttoregistertonnen-Ozeanriese auf seiner Jungfernfahrt mit einem Eisberg und sinkt, mehr als die Hälfte der 3000 Passagiere ertrinken.[8]
- H.G. Wells, der Autor der *Zeitmaschine*, hat nicht nur Romane, sondern auch ein ernstes Prognosebuch geschrieben. In *The Shape of Things to Come* von 1933 sah er einige geschichtliche Entwicklungen, wie den Anschluss Österreichs ans Deutsche Reich, den Zweiten Weltkrieg, den Luftkrieg, präzise voraus. 1933 wollte niemand das Buch lesen.[9]
- 2000 erschien das Buch *Die kommende Internet-Depression*.[10] Eine sehr genaue Analyse der Mechanismen, mit der die Technologieblase die Weltwirtschaft für fünf bis zehn Jahre in den Keller ziehen wird ... Soll ich daraus zitieren? Lieber nicht. Es ist zu deprimierend, weil es zu wahr geworden ist!

Selbst die Terror-Attentate vom 11. September 2001, in ihrem Wesen geradezu prototypische »Trendbruch-Events«, blieben keineswegs unvorhergesagt. Im Jahre 1998 erschien der Politthriller *Ausnahmezustand*, der mit Denzel Washington und Bruce Willis verfilmt wurde. Plot: 2000 Tote durch islamistische Terror-Attentate in New York. Im *Juni 1999* (!!!!) erschien in der amerikanischen Zukunftszeitung *The Futurist* folgender Text:

»Der kommende Superterrorismus (Superterrorism: Assassins, Mobsters, and Weapons of Mass Destruction)

Die Natur des Terrorismus wandelt sich: Während ›billige‹ Bombenattentate und Geiselnahmen für Jahrzehnte auf der Tagesordnung standen, werden nun hochtechnologische Angriffe auf ganze Länder, Attacken auf große Bevölkerungsgruppen und die Infrastruktur ganzer Staaten wahrscheinlicher. Die USA werden langsam, aber sicher auch auf ihrem eigenen Territorium ein Ziel. Senator Bill Frith, ein Mediziner aus Tennessee, sagte bereits vor kurzem voraus, dass eine chemische oder biologische Attacke auf den Kongress in den nächsten fünf Jahren nicht unwahrscheinlich ist. Senator John Glenn äußerte die Hoffnung, dass es keines katastrophischen Anschlags bedarf, um die Konsequenzen aufzuzeigen.

Die kommende lange Schlacht wird wie folgt aussehen:

• Zu Beginn des 21. Jahrhunderts kann der Superterrorismus die Zivilisation, so wie wir sie kennen, ernsthaft beschädigen oder ausrotten.

• Während der Kalte Krieg fünfzig Jahre dauerte, sollten wir uns auf eine viel längere Schlacht gegen den Superterrorismus vorbereiten.

• Man kann unmöglich alle Ursachen für den Terrorismus – etwa Armut in der Dritten Welt – vollständig beseitigen. Die Auseinandersetzung mit diesen Problemen kann jedoch das Ausmaß der Bedrohung reduzieren.

• Keine einzelne Regierung kann die kommenden Herausforderungen alleine meistern – eine neue Ära internationaler Zusammenarbeit steht bevor.

• Die Grundrechte sind ein wichtiges Rückgrat unserer Gesellschaft, müssen aber der neuen Gefahrenlage angepasst werden.«

Popper hat Unrecht. Und dennoch Recht: Was »wir« über die Zukunft wissen, ist in der Tat oft spärlich. Aber nicht, weil es keine Möglichkeit der Prognose gibt, sondern weil »wir« davon keine Kenntnis nehmen. In der Geschichte gab es keine Erscheinung, keine Evolution, keine Technologie, die nicht von sensiblen Geistern oder analytischen Denkern vorhergesehen und beschrieben wurde. Das Problem nur: Es hörte ihnen keiner zu!

Woran liegt das? Prognosen sind, wie vieles andere auch, eine Frage des Angebots und der Nachfrage. Ihr Markt wird von komplexen Faktoren wie Zeitgeist-Strömungen und nicht zuletzt ökonomischen Interessen geprägt. Damit sieht sich der Prognostiker einem Geflecht von Widerständen, Erwartungen, »Zukunftsklischees« gegenüber. Prognosen, die öffentlich wahrgenommen werden, sind oft nichts

---

WICHTIGE ZUKUNFTSFORMEL

Richtige Prognosen kauft einem (meistens) keiner ab!

---

anderes als die Bestätigungen von Erwartungshaltungen, kollektive Übereinkünfte über unsere kognitiven *comfort zones*.

Es könnte aber eigentlich alles ganz einfach sein: Wir müssen lediglich die richtigen Zukunftsseher heraussuchen – und die Scharlatane, die Opportunisten und Ideologen aussortieren. Die Zukunftsspreu vom Weizen trennen!

UNTERSCHEIDEN SIE PROPHETEN, VISIONÄRE, PROGNOSTIKER – UND ZUKUNFTSAGENTEN

Zukunft ist wie eine schwere Krankheit: Wir holen immer mehrere Urteile über sie ein. Das ist richtig und verständlich. (Ich kann gut damit leben!) Aber wichtig ist zu wissen, bei wem wir die Expertise einholen:

Propheten kommen in der Menschheitsgeschichte in regelmäßigen Abständen immer wieder vor – sie sind Begleiter eines historischen Bruchs, eines Übergangs – einer Revolution. Propheten bündeln die Wünsche und Sehnsüchte von großen Menschengruppen, schaffen ein Bild für diese Sehnsüchte – und dienen dann oft als Führer in einem Transformationsprozess.

Abraham war der erste bekannte Prophet. Auf ihn berufen sich gleich drei Weltreligionen (die derzeit im Nahen Osten über genau dieses Erbe in schweren Konflikt geraten sind). Abraham sah die Zukunft des Volkes Israel jenseits der Versklavung, und er machte diesen Traum wahr.

Propheten haben einen *funktionalen* Bezug zur Zukunft. Sie fragen nicht, was kommen könnte, sie *definieren* Zukunft – und *machen* sie auf dem Resonanzboden einer historisch reifen Situation. Sie machen ihrer Anhängerschaft Stress: Sie arbeiten mit *starken Zeichen*, mit Erlösungshoffnungen. Sie sind prinzipiell gefährlich. Ghandi war Prophet. Aber auch Hitler. Martin Luther. Martin Luther King. Arafat. Und Bin Laden.

Visionäre verfügen meist nicht über die Fähigkeit, Menschen zu führen oder zu organisieren. Sie stellen das Mögliche in Worten, Bildern oder Metaphern dar – sie tun dies begeisternd und talentiert. Aber sie betreiben es eher als eine Art emphatisches Hobby, weniger als Weltveränderungsjob.

- Jules Verne war spekulativer Romanautor mit einer kindlichen Lust am Abenteuer, an Weltreise, Seebären und zu rettenden Frauen. Kein Mensch kann seine Visionen vom Kanonenschuss auf den Mond oder der Reise zum Erdmittelpunkt als Prognosen missverstehen. Und doch stammen aus seiner Feder mindestens zwanzig Volltreffer über die Zukunft – er sah in seinem Traktat *Paris im Jahr 2000* Erfindungen voraus, die im 20. Jahrhundert allesamt Wirklichkeit wurden.[11]

- Stanislaw Lem, das grummelnde Multigenie, hat in seinen theoretischen Traktaten so ziemlich alles präzise vorausgesehen, was uns heute umtreibt – von der *virtual reality* (»Phantomatik«)[12] bis zur Debatte um Gentechnik.

- Arthur C. Clarke, der *grand old man* der Zukunftsvisionen, beglückte uns nicht nur mit mystischer Science-Fiction – *2001 – Odyssee im Weltraum* geht auf sein Konto – sondern auch mit einer Vielzahl von scharfsinnigen, allerdings stets auch technizistisch verspielten Visionen über das bunte Leben im Jahr 2100.

- Auch Karl Marx war Visionär. Er beschrieb bereits im 19. Jahrhundert emphatisch die weltumspannende Ökonomie der Globalisierung und die gewaltigen Kräfte, die sie entfachen sollte. (Das Prophetentum, das »Machen«, überließ er dann allerdings seinen Apologeten, den Kommunisten.)

Prognostiker sind die fleißigen Lieschen unter den Zukunftssehern. Die Handwerker der Möglichkeiten, die Bastler der Wahrscheinlichkeiten. Das Angenehme an ihnen ist, dass sie ihre Prämissen reflektieren. Sie erstellen Statistiken und mühen sich redlich, Zukunft objektiv zu erfassen.

Oft allerdings fehlt ihnen ein Quentchen Inspiration. Mal ganz unter uns gefragt: Warum sollen wir uns mit einer Zukunft beschäftigen, die ziemlich »vielleicht« ist?

Zukunftsagenten sind eine Spezies, die keiner der drei geschilderten Typen wirklich zuzuordnen ist. Es sind dies Menschen – oder Gruppen, Netzwerke, Denkbrüder und -schwestern – die ihren Job nicht so sehr in der Entwicklung spektakulärer Zukunftsbilder sehen, sondern in der Initiierung von (mentalen und realen) Prozessen, *die zu einer besseren Zukunft führen können.* Oft sind diese Menschen innerhalb größerer Organisationen (Firmen, Behörden) beschäftigt. Oft sind sie Berater, Selbständige, die den Geist des Neuen von außen in Unternehmen hineinzubringen versuchen. Sie fühlen sich nicht den einfachen Lösungen verpflichtet, sondern den Abenteuern und Verführungen der steigenden Komplexität.

Zukunftsagenten sind keine Wahrsager. Aber *Wahr-Sager!* Sie interessieren sich fanatisch für die »drei Ps«:

THE POSSIBLE – DAS MÖGLICHE

THE PROBABLE – DAS WAHRSCHEINLICHE

THE PREFERABLE – DAS, WAS VORZUZIEHEN IST

In ihrem legendären Bestseller *Megatrends* markierten John Naisbitt und Patricia Aburdene im Jahre 1984 unter anderem folgende vier Zukunftsparameter für die Zeit bis zur Jahrtausendwende:[13]

• Die Frauen werden in die Zukunftsetagen einziehen
• Die Biologie wird die zentrale Wissenschaft werden
• Die Religionen werden wieder auferstehen
• Das Individuum wird Triumphe feiern

Keine dieser Aussagen ist aus heutiger Sicht besonders spektakulär oder »prophetisch«. Aber im Jahre 1984 – wir erinnern uns: Kalter Krieg, Nachrüstung, Öko-Bewegung –, war dies alles klarsichtig und »auf den Punkt gebracht«.

Dies ist eine treffende Beschreibung des Jobs, den Zukunftsagenten zu verrichten haben: *auf den Punkt bringen, worauf es in Zukunft mehr und mehr ankommt.*

BESTIMMEN SIE IHREN ZUKUNFTSTYP

Wir sind jetzt so weit, dass wir uns an eine »Verortung« unserer inneren Haltungen trauen sollten – jener Haltungen, die unsere Sicht auf die Zukunft bestimmen. Wir können dies mit Hilfe eines einfachen Rastersystems tun:

Bitte markieren Sie auf der waagerechten Achse einen Punkt auf einer Skala von eins bis zehn für die folgende Frage (1: Glaube ich *absolut* nicht; 10: Glaube ich mit *voller* Überzeugung; 5: *Weder – noch*):

Glauben Sie, dass die Zukunft für die überwiegende Anzahl der Menschen auf dem Planeten Erde eine bessere Zeit wird, als die Vergangenheit es (für die meisten Menschen) war – oder glauben Sie das nicht?

Zweite Frage für die senkrechte Achse: Auf einer Skala von eins bis zehn (1: Glaube ich *absolut* nicht; 10: Glaube ich mit voller Überzeugung; 5: Weder – noch):

Der Mensch wird eine Zukunft errichten, in der er sich mittels Technologie über sich selbst, über die Grenzen von Raum und Zeit erhebt. Das ist sein evolutionäres Programm.

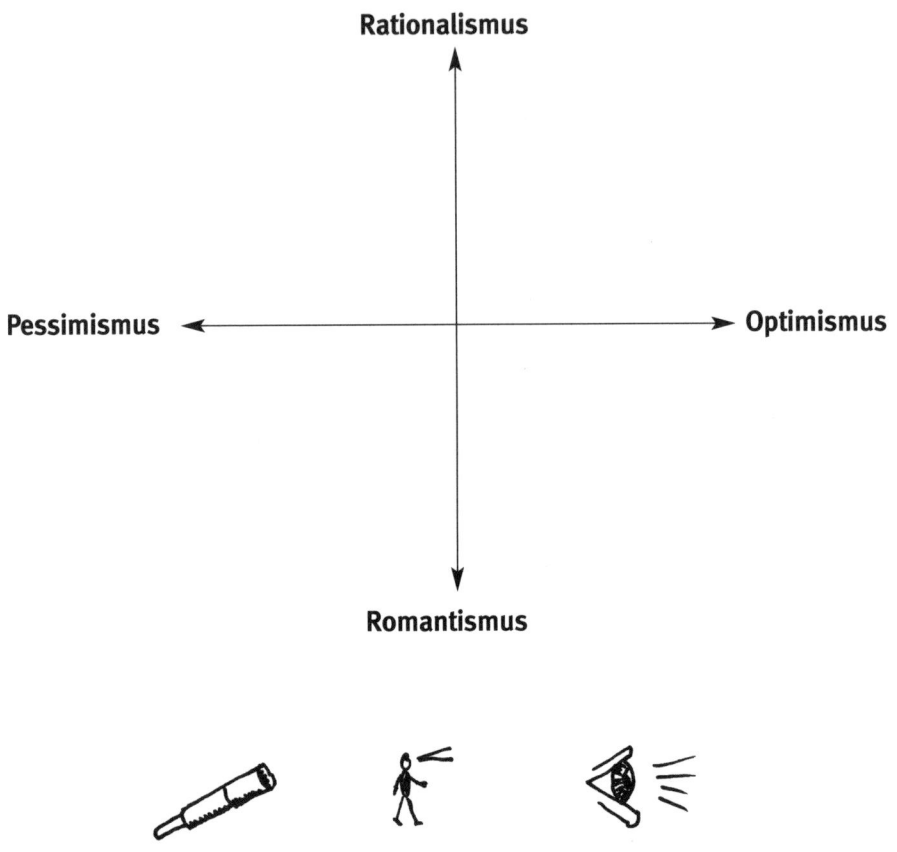

Rationalismus

Pessimismus ← → **Optimismus**

Romantismus

Das Zukunftsmentalitätsprogramm

Bitte ermitteln Sie nun aus diesen beiden Werten Ihren »Zukunfts-standpunkt« auf diesem Diagramm. Malen Sie ein Fernrohr oder ein-fach ein Kreuz an die entsprechende Stelle. Dies ist Ihre Position, von der aus Sie nach vorne blicken. Gewissermaßen der Sockel Ihres ima-ginären Teleskops – oder Ihrer inneren Kristallkugel – die Startposi-tion Ihres Zukunftssatelliten. Er bestimmt, welche Aussagen über die

Zukunft Sie an sich heranlassen – und welche Sie in den Bereich der Fabel, der Unwichtigkeit oder der Unwahrheit verweisen.
Und nun lassen Sie uns ein wenig an Ihrer Positionierung arbeiten!

ÜBERWINDEN SIE DEN INNEREN APOKALYPSE-ANGSTHASEN

Ich schildere Ihnen im Folgenden einige globale Trend-Entwicklungen. Ich bitte Sie, sich diese intensiv durchzulesen und Ihre inneren Reaktionen dabei zu erforschen:

• Nicht nur in Mitteleuropa hat sich seit zwanzig Jahren kein wesentlicher Umwelt-Parameter verschlechtert, seien es die Luftbelastung, die Wasserverschmutzung oder die Verseuchung mit Giften und Schwermetallen. Die wichtigen Werte der Schadstoffbelastung im Blut – Blei, Dioxin, DDT, PCB, Cadmium – fallen seit vielen Jahren. Flüsse und sonstige Gewässer werden mit ganz wenigen Ausnahmen sauberer und artenreicher.
• In Europa und Eurasien gibt es einen Netto-Wald-Zugewinn von beachtlichen Ausmaßen. Die Rodung des Regenwalds ist weitgehend gestoppt bzw. bewegt sich auf ein immer niedrigeres Niveau zu.
• Der Stopp des Walfangs hat diese Spezies sich weitgehend wieder erholen lassen, so dass sie bis auf wenige Unterarten heute nicht mehr zu den gefährdeten Arten gehört. Das große Artensterben, das im 17. Jahrhundert seinen Höhepunkt erreichte, ist gestoppt.
• Die Bevölkerungsexplosion der Spezies Mensch findet nicht statt. Die Menschheit wird zwischen 2050 und 2060 bei etwa 8,5 Milli-

arden Menschen ihren zahlenmäßigen Zenit erreichen und danach wieder schrumpfen. Der Homo Sapiens wird im Jahre 2150 nur noch mit fünf Milliarden Exemplaren auf diesem Planeten vertreten sein.

- Das Ziel der Welternährungsorganisation, bis zum Jahr 2015 den Hunger zu halbieren, ist weitgehend nicht unrealistisch. In absoluten Zahlen sinkt die Anzahl der Armen, heute sind es noch 800 Millionen (1,2 Milliarden im Jahr 1990), jedes Jahr werden es zwischen fünf und 20 Millionen weniger.
- Auf mittlere Sicht wird sich der globale Unterschied zwischen Arm und Reich abschwächen, weil die Länder mit den stärksten Wachstumsraten Entwicklungsländer sind – China, Indien, selbst Länder wie Botswana schlagen seit Jahrzehnten die Wachstumsraten der industriellen Länder.
- Drei Fünftel der Weltbevölkerung leben heute in Demokratien – vor zehn Jahren waren es weniger als ein Drittel. 1955 gab es lediglich 22 Demokratien (14,3 Prozent). Im Jahr 2000 waren es 120 (62,5 Prozent). Da demokratische Verhältnisse der entscheidende Schlüssel zum Wohlstand sind, ist die Wahrscheinlichkeit von Wirtschaftsaufschwüngen eher gestiegen.
- Auf breiter Front steigt die globale Lebensqualität, und selbst in den ärmsten Ländern sinkt die Säuglingssterblichkeit. In 84 von den inzwischen 193 Ländern des Planeten erreichen die Menschen ein Durchschnittsalter von mehr als 77 Jahren, 1990 nur in 55 Ländern. 76 Prozent der Erwachsenen der Erde können heute lesen, 1990 waren es erst 64, in den 60er Jahren 42 Prozent. Immer mehr Kinder weltweit gehen in die Schule, vor allem Mädchen: deren Einschulungsquote auf der Sekundarstufe stieg von 36 auf 61 Prozent.
- Die Anzahl der kriegerischen Konflikte (und deren Opfer) geht seit

etwa 50 Jahren kontinuierlich zurück. Im Jahr 2001 und 2002 wurden vier große Bürgerkriege mit Millionen von Toten beendet. Sri Lanka (500 000 Tote), Ost-Timor (100 000-300 000 Tote), Mozambique/Angola (drei Millionen) und Nordirland (1000 Tote).

Sehr wahrscheinlich spüren Sie beim Lesen dieser Nachrichten einen heftigen Widerwillen, wenn nicht eine heftige Aggression. Zunächst glauben Sie mir schlichtweg einfach nicht. Nach der Lektüre von 30 Festmetern *Spiegel*, zwölf Regalmetern einschlägiger Sachbücher, die mit »Ende« anfangen oder mit »Falle« enden, gekrönt von 50 000 Mann-/Fraustunden Fernsehen über Global Warming, Börsencrash und seelenlose Morde im Vorstadtmilieu (jeder zweite »Tatort«) gehen Sie selbstredend davon aus, dass Sie die Wahrheit über die Welt kennen. Und diese Wahrheit sieht schlecht aus!

Wenn ich Sie von jeder einzelnen Zahl überzeugen könnte (was ich natürlich kann: sie basieren auf soliden Statistiken), würden Sie wahrscheinlich ein weiteres Argument vorbringen:

Selbst wenn diese Trends stimmen sollten, ist es falsch, sie zu veröffentlichen. Denn damit erlahmt der Wille der Menschen, sich für die Verbesserungen zu engagieren!

Wir alle sind die Opfer des Apokalypse-Angsthasen. Das ist jener Hase, der als Wächter vor dem Reich der Zukunft wacht. Er klopft so laut, dass wir nicht an ihm vorbeikommen.

ZUKUNFTSSCHLÜSSELZITAT

Letztlich wollen wir nicht wissen, ob Erkenntnisse wahr sind, sondern wohin sie gehören.

Carl Otto Hondrich[14]

Die Lobbys des Untergangs

Udo Ulfkotte hat in seinem Buch *So lügen Journalisten* die Anatomie von Untergangstheorien beschrieben. Die scheinbare Zufälligkeit, mit der Angstempfindungen in der öffentlichen Wahrnehmung wechseln, hat zumeist einen mikro-ökonomischen Hintergrund. Mit anderen Worten: Der Kampf ums Gute ist ein knallhartes Lobby-Geschäft.[15] Klimaforschung zum Beispiel war im Kalten Krieg eine militärisch aufgerüstete Boom-Branche, die danach, in den frühen 90ern, verzweifelt nach neuen Kunden suchte. Sie fand diese Kunden in einer Öffentlichkeit, die durch die ökologischen Mahner und Warner der 70er und 80er Jahre gut vorgewärmt war. »Global Warming«, ein Effekt, über den wir noch sehr wenig wissen, wurde so schnell zum Megahit in der Hierarchie der Ängste.

Wie gesagt: Zukunftsbilder, vor allem Angstbilder über die Zukunft, unterliegen denselben ökonomischen Gesetzen wie Bonds, Schweinehälften oder Immobilienpreise. Sie sind eine Frage der Angstnachfragen. Dabei sind die Claims in unseren Kulturbreiten äußerst üppig, aber auch besonders hart umkämpft.

- Beispiel »Greenpeace«: Die globale Organisation wurde in wilden Hippie-Zeiten gegründet, damals konnten sich authentische Heroen mit hohem Sex-Appeal im Dienst der guten Sache profilieren (Ron Taggard, der Gründer, kam im Ranking gleich hinter Mick Jagger). Heute ist »Greenpeace« eher ein globaler Bürokratenkonzern ohne demokratische Kontrolle, der mit gigantischen Spendengeldern operieren kann. »Greenpeace« ist eine Art säkularer Kirche, und als solche hat sie sich verselbständigt zu einer konservativen Ablass- und Ritualgemeinschaft.

- Beispiel »Club of Rome«: Der legendäre Warner-Verein sagte 1972 eine Weltbevölkerung von 30 Milliarden Menschen im Jahr 2000 voraus, eine Verdreifachung der Lebensmittelpreise, eine Extremverknappung der Rohstoffe, Hungersnöte mit 300 Millionen Toten. Nichts wurde auch nur annähernd wahr. Werden die desaströsen Trefferquoten seiner Prognosen irgendwann dem Ansehen des »Club of Rome« schaden? Ach was! Die alten Herren mit den buschigen Augenbrauen und dem sonoren Warnton in der Stimme sitzen immer noch in Talkshows, Gremien und Enquete-Kommissionen und werden von 25-jährigen Studenten und 55-jährigen Lehrerinnen gleichermaßen angehimmelt!

- Die Antiglobalisierungsbewegung unserer Tage bietet eine ähnliche Dramaturgie. Zunächst schlüpft der Alarmismus in ein buntes Gewand, das unverdächtig-fröhliche Kostüm des jungen Protests. Alle Parameter eines populären Trends – hier die *Globalisierung* – werden alarmistisch zugespitzt. Nun treten die Journalisten auf den Plan, überglücklich über neue Konflikt- und Meinungspotenziale – gefolgt von den erotischen Medienstars der Bewegung – schmollmündige Diven wie Arundhati Roy, Naomi Wolf und andere. In einer weiteren Stufe schaffen dann Prominente brauchbare *testimonials*. »Die globale Marktwirtschaft kostet täglich 24 000 Menschen das Leben.« So sagt es Hannelore Hoger, die Schauspielerin, in ihrem Kommentar zum Jahreswechsel 2001/2002. Widerspruch zwecklos. Es ist ja alles im Namen des Guten!

Hystorien – der innere Code der Hysterie

Doomsday-Storys, also Geschichten vom Nieder- und Untergang, funktionieren auch deshalb so hervorragend im öffentlichen Diskurs, weil wir die Welt innerlich ordnen müssen – in Gut und Böse, in Oben und Unten, in »*Sie* und *Wir*«. Robert Karen, ein amerikanischer Frühkind-Psychologe,[16] hat den Begriff des »binären Babys« geprägt. Ausgangspunkt dieses inneren Kleinkinds in uns allen ist unsere frühkindliche Erfahrung, die wir bis ins Erwachsenendasein mit uns herumschleppen: Aus der uneingeschränkt guten Mutter unserer Anfangsphase wird irgendwann eine ambivalente Mutter, die auch Nein sagt. Das finden wir, bis ins Erwachsenenalter, empörend. Und wir erheben unser Schwarz-Weiß-Denken zum Weltprinzip.

Die Apokalyptiker, die Propheten, die Medien, die Globalisierungsgegner – sie alle spielen mit diesem »binären Baby« in uns. Sie fahren mit unseren Ängsten und Verwöhnungssehnsüchten gleichzeitig Schlitten. Sie schockieren uns, um uns letztlich süchtig zu machen nach dem süßen Gift des Untergangs. Alles wird Zeichen! Ein schwerer Winter, eine Flutkatastrophe? Es liegt etwas am Horizont. Ein kriegerischer Konflikt? Seht, so ist die Menschheit. Ein jugendlicher Amokläufer? Terrorismus? Es geht zu Ende mit unserer verderbten Kultur.

Future Fitness heißt nun, dass wir dieses »binäre Baby« – oder Kind – überwinden. Dass wir die Schattierungen der Welt anerkennen, ihren Variantenreichtum, ihre Zukunftsgewandtheit – auch ihre Ungewissheit und Paradoxie! So, wie das Kleinkind irgendwann lernt, mit beiden Seiten der Erwachsenen umzugehen und nicht gleich in ohnmächtige Verzweiflung zu verfallen, wenn die Mutter nicht mit ständiger Verwöhnung aufwartet.

NÜTZLICHE ZUKUNFTSFORMEL

Der Weltuntergang ist der Größenwahn der Depressiven

Die amerikanische Psychologin Elaine Showalter hat in ihrem Buch *Hystorien* (zusammengesetzt aus Hysterie + Story) eine Kulturgeschichte der großen und kleinen Hysterien geschrieben. Da Frauen im wilhelminischen Zeitalter ihre Gefühle nicht öffentlich zeigen durften, wurde das öffentliche In-Ohnmacht-Fallen (»weibliche Hysterie«) zur Massenepidemie. Da chinesische Männer in der rigiden chinesischen Gesellschaft kaum ihre Sexualität leben können, ist Koro heute in China eine Massenkrankheit. Jedes Jahr verfallen zigtausende von Männern dem Wahn, ihr Penis schrumpfe. Begleitet ist dieses Ereignis von Herzrasen, Bluthochdruck, Ziehen und Reißen am Geschlechtsteil, das zu ernsthaften Verstümmelungen führen kann.

»Diese besonders aufregenden Fälle zeigen, wie sich individuelle Hysterien mit gesellschaftlichen Strömungen verbinden können [...] Von solchen apokalyptischen Gefühlen werden vor allem solche Menschen angezogen, die eine Rechtfertigung für seelische Bedürfnisse suchen, die aus eigenen unbewussten Konflikten stammen. Es ist, als würden sich in der Bevölkerung bis dahin verstreute paranoische Einheiten plötzlich neu formieren und verbinden: zu einem kollektiven paranoiden Fanatismus.«[17]

Die Rolle der Medien

Der kanadische Zukunftsforscher Thomas Homer-Dixon beschreibt die Lage an der Front der modernen Medienkultur so:

»So viele Informationen und so viele Ideen konkurrieren um den limitierten Raum in unserem Bewusstsein! In diesem extrem konkurrenten Sinn-Universum müssen Ideen einfach, unreflektiert, ja roh sein, um zu gewinnen. Slogans und Dogmen dominieren. In einer Zeit, in der die Herausforderungen und die Komplexitäten des Lebens wachsen, zwingt uns die Info-Flut zur Vereinfachung, zu Sensationismus – dazu, komplexe Dinge in zwei simplifizierte Seiten aufzuspalten«.[18]

Interessant auch, was nicht in den elektronischen Medien vorkommt. Ein indisches Middleclass-Wohnzimmer haben wir im Fernsehen noch nie gesehen – obwohl es inzwischen so viele indische Middleclass-Haushalte gibt wie europäische. Warum? Weil dies keine interessante »Wahrnehmungsdifferenz« ergibt. Es stört unsere Klischees und unser Weltbild. Hungernde Slum-Kinder in Kalkutta aber erzeugen einen medial verwertbaren Reiz – »denen geht es ganz anders als uns« – schon fließt wieder die Währung der Aufmerksamkeit, der Schuldgefühle und der zum Nulltarif zu habenden »Betroffenheit«!

Und natürlich ist das Dementi nie eine Meldung!

- Immer weniger Kindermorde in Deutschland (die Rate hat sich seit den 70er Jahren um zwei Drittel verringert).
- Kriminalitätsrate in den USA sinkt weiter (um fast 50 Prozent seit 1990 in vielen Großstädten).
- Schon wieder weniger Kinder in Bangladesh (die Geburtenrate dort fiel in 15 Jahren um die Hälfte).

- Südlich der Sahara entstehen immer mehr fruchtbare Ackergebie-
te (die Wüste weicht deutlich nach Norden zurück).
Immer mehr Kinder werden gewaltfrei erzogen.

All diese Meldungen sind wahr. Letztere erschien 9. Februar 2002 in
der *Süddeutschen* und der *Welt*. Allerdings unter »Vermischtes«, auf
den Seiten 32 und 34. Hingegen fand sich eine andere Titelstory zeit-
gleich im *Stern* 28/2001 – 16 Seiten lang:

»Kaputte Kids
Jedes fünfte Kind in Deutschland ist psychisch und physisch derart
angeschlagen, dass es Hilfe bräuchte. Auch viele Sprösslinge aus so
genannten heilen Familien leiden – und die Eltern merken oft nichts.
Kopf- und Magenschmerzen sind die ersten Symptome für die seelische Krise. Rund jedes dritte Kid leidet unter Phobien wie Angst vor
Dunkelheit oder Tieren, ist häufig oder mindestens manchmal depri-
miert und macht sich (zu) viele Sorgen.«

Sind Angst, Dunkelheit und Tiere kein Grund, sich zu fürchten
(mein Gott, was haben wir uns früher als Kinder gefürchtet!)? Gab es
früher keine kaputten Kids in heilen Familien (ich kann mich an
unglaubliche Katastrophen in meiner behüteten Jugend erinnern!).
Unter einem bestimmten Blickwinkel wird alles Leben zur Patholo-
gie …

Manchmal allerdings lässt sich dann doch nicht eine positive Wen-
dung vermeiden. Wie in einer typischen *Spiegel*-Geschichte über den
Amazonas. Dort hieß es im Vorspann:

»Nach zehn Jahren Öko-Aktivität zeigt die Schlacht um den brasi-
lianischen Regenwald Wirkung. Am Amazonas wird weniger Wald

vernichtet als je zuvor, im Dschungel hat sich ein Netzwerk gut
gemeinter Projekte etabliert.

Doch werden die Rätsel des Waldes den Helfer-Tourismus überleben?«

Das ist die Aber-Krankheit. Der Aberismus, der aus jedem Positiven noch das Negative herausquetscht.

Die Kosten des Zukunftspessimismus

Warum ich so lange bei diesen medial-kollektiven Angstphänomenen
verharre, hat einen simplen Grund: Unsere Bilder über die Zukunft
sind von ihnen zutiefst infiltriert, ja korrumpiert. Die Folge ist jener
alles umfassende Jammerton, mit dem wir die Krisen, die wir fürchten, nicht nur in Kauf nehmen, sondern auf dem Wege sich selbst
erfüllender Prophezeihungen verstärken und am Ende sogar erzeugen.

Angst ist ein natürlicher Reflex, der uns von der Evolution mitgegeben wurde. Gerinnt Angst zur kollektiven Mentalität, wird sie zu
einem Virus, der die Veränderungsimpulse lähmt. Die Folge ist eine
Kultur, die ihre Zukunft aufgibt.

Wir zahlen einen hohen Preis für den apokalyptischen Skandalismus. Handlung wird durch Lärm ersetzt, die Apathie steigt. Die
öffentliche Meinung ähnelt einem chronischen Entzündungsprozess,
bei dem irgendwann die Immunkräfte des Organismus nachhaltig
zerstört werden. Das kollektive Erregungsgehirn sucht nach ständiger
Erhöhung der Dosis; es »zuckt« nur noch, wenn die Untergangsdrohung ständig erhöht wird.

Im wirtschaftlichen Bereich können alarmistische Mechanismen
ganze Firmen in den Abgrund stürzen: *Es bleibt immer etwas hängen.*

»Birkel«-Nudeln zum Beispiel waren nie mit verseuchtem Flüssig-Ei in Berührung – aber die Marke verlor 80 Prozent der Käufer, weil das Gerücht nie öffentlich dementiert wurde. Nematoden im Fisch, die es *immer* schon gab – Ruin der halben deutschen Fischereiwirtschaft! »Shell« hätte die Brent Spa nach ökologischen Kriterien lieber im Meer versenken sollen, aber was sind schon 70 Millionen an Verschrottungskosten, wenn es gegen »Greenpeace« geht. Im Zeitalter der internationalen Finanzmärkte sind kollektive Panikstrukturen sehr gefährlich – sie können Weltwirtschaftskrisen auslösen!

Im Bereich »Vorsorge« rennen wir ständig Gefahren hinterher, die minimal sind und nur mit einem gewaltigen Aufwand zu bekämpfen wären. 45 000 Menschen sterben in Deutschland jährlich an den Folgen des Rauchens. Wir aber fürchten uns vor Gespenster-Gefahren, die in Zwanzig-Zentimeter-Schlagzeilen die Titelseiten der Zeitungen blockieren …

Es gehört zu den Hoffnungsschimmern, dass sich inzwischen ein Netzwerk von Skeptiker-Publizisten zusammenfügt, das die panische Propagandamaschine zumindest an den Rändern zu stören versucht. Kleine wackere Zeitschriften wie *NOVO* versuchen, das *andere Denken* über die Zukunft zu artikulieren. Walter Krämer und Gerald Mackenthum beschreiben in ihrem Buch *Die Panikmacher*[19] die Mechanismen der öffentlichen Erregung. Mutige Öko-Optimisten wie Gregg Easterbrock oder Björn Lomborg haben sich mit ihren ökologischen Anti-Alarmismus-Büchern in die Nesseln des Zeitgeists gesetzt – und sich unglaubliche Aggressionen der Weltuntergangsgläubigen zugezogen. In ihrem neuen Buch *Die Zukunft und ihre Feinde* bringen es Dirk Maxeiner und Michael Miersch, zwei aufrechte Kämpfer gegen die Dummheit der Untergangsmärchen, auf den Punkt:

ERLEUCHTENDES ZUKUNFTSZITAT

Es ist zu einer geistig lähmenden Konvention geworden, allgemein so zu tun, als stünde der Weltuntergang unmittelbar bevor. Das Erfolgsprinzip des Menschen, die freie Entfaltung seiner Kreativität und Eigeninitiative wird dadurch im Kleinen wie im Großen unterminiert.

Dirk Maxeiner/Michael Miersch[20]

MEIDEN SIE ZUKUNFTSBESOFFENHEIT UND DEN ZUKUNFTSZEIGEFINGER

In den wilden Turbo-Zeiten der »New Economy« wurde ein Spiel Mode, das wir für die nächste Zukunftsübung gut verwenden können: *Bullshit Bingo*.

Bullshit Bingo war eine ironische Antwort auf die Angeberkultur des »New Business Speak«. Immer, wenn ein Redner auf einer der unzähligen Business-Konferenzen wundersame Modewörter wie »Power Selling« oder »Equity Power« benutzte. Nach zehn dieser Wörter in zehn Minuten stand man (besser eine Gruppe) auf und brüllte lautstark: *Bullshit!*

Ich möchte Ihnen vorschlagen, in jeder Zukunftsdebatte, in der folgende Sätze mehr als einmal fallen, aufzustehen und lautstark *Bullshit!* zu brüllen:

• *Alles wird immer schneller!*

- *In einer Zeit, in der sich der technische Fortschritt unaufhörlich beschleunigt …*
- *Angesichts immer schnellerer Veränderungen in unserer Welt, unvorstellbarer neuer technischer Möglichkeiten und ihrer überstürzenden Wirkungen auf die gewachsenen Strukturen …* (Klaus von Dohnányi)
- *Das menschliche Wissen verdoppelt sich alle fünf Jahre …*
- *Die Halbwertszeit des Wissens wird unaufhörlich kürzer …*
- *Wir müssen uns der immer schnelleren Veränderung schleunigst anpassen …*
- *Wir können uns nicht mehr leisten, dieser rasenden Entwicklung hinterherzuhinken …*
- *Etc. …*

Als Gegenspieler der Apokalyptiker haben auch die Apologeten des Über-technischen, die »Techno-Transzendentalisten«, eine lukrative Marktnische gefunden. Ray Kurzweil etwa, der Handelsvertreter der künstlichen Intelligenz, prophezeit uns seit vielen Jahren denkende Computer und die Überflüssigkeit des Menschen, virtuellen Sex an jeder Ecke und nano-technische Glückseligkeit. Der US-Futurist John Brockman lässt in seinem neuen Buch *Die nächsten fünfzig Jahre*[21] die guten alten Techno-Märchen der 60er wieder aufleben: Intelligenz, so eine These, wird in 50 Jahren nicht mehr nötig sein, denn es ist dann möglich, dass man jede Frage laut ausspricht, und von dem mit Supertechnologie ausgestatteten Wänden schallt einem sofort die Antwort entgegen.

Das geht bei jeder Großveranstaltung und Fernsehsendung runter wie Öl – denn wer hätte keine Lust, vollkommen blöd mit intelligenten Wänden zu sprechen? Deshalb haben die Techno-Tranzen-dentalisten stets volle Säle. Niclas Negroponte unterhält uns seit vielen Jahren mit der »großen digitalen Erlösung« (er macht das wirklich gut, ganz ohne Sarkasmus!). Der fröhliche Japaner Michael Kaku schreibt, so wie fröhliche, technikfreundliche Japaner das eben tun, über die »spektakulären Techniken von morgen«. Sein Kollege Jeremy Rifkin wäscht uns abwechselnd mit Wasserstoffrevolutionen und dem »Ende der Arbeit« (diesmal aber endgültig!) den Kopf. Ein fröhliches Ensemble des Zukunftsentertainments.

Die »Technotopisten« markieren das andere Extrem des möglichen Zukunftsdenkens. In ihnen spiegelt sich die gute, alte Jungs-Kinderzimmer-Mentalität unserer Jugend: *Wir basteln uns einen Materie-Transmitter!* Mister Spock, Perry Rhodan, der Mausbiber Gucky und Gary Glitter versammeln sich auf der Bettkante der futuristischen Träume. Von allzu viel Komplexität oder gar so unerfreulichen Dingen wie sozialen Realitäten, naturwissenschaftlichen Grenzen oder technologischen Barrieren lassen wir uns dabei nicht ablenken!

Der ständig sich beschleunigende technische Fortschritt … Wo ist er? Wo sind die sensationellen Erfindungen geblieben? Die kalten Fusionen, bahnbrechenden Krebsmittel, Exorbitalstationen? Wo sind die Reparatur-U-Boote in unseren Adern, die Gen-designten Medikamente zur Heilung von Krebs, die Durchbrüche bei der Transplantationsmedizin (das organische Zweitohr)? Verdoppelt sich »das Wissen« tatsächlich alle fünf Jahre? Wie misst man das? Wer definiert, was »Wissen« ist und was nur ein Informationsdetail?[22]

Technologie braucht Zeit, manchmal *sehr viel* Zeit. Der technische Fortschritt hat eine klar erkennbare Rhythmik von Durchbruchsphasen und Verdauungsphasen, die den Prozess wieder entschleunigen. Die gigantischen Investitionen in die Finessen des Verbrennungsmotors, das Straßennetz (die teuerste Infrastruktur-Investition, die die Menschheit je getätigt hat). Technologische Revolutionen brauchen *Lernprozesse* – es hat siebzig Jahre gedauert, bis die europäische Bevölkerung so gut Auto fahren konnte, dass der Blutzoll auf den Straßen auf ein erträgliches Maß sank (die Auto-Techniker hatten natürlich auch Anteil an diesem Prozess). Wir werden noch viele, viele Jahre brauchen, bis Computer *tatsächlich* unsere kleinen Alltagsfreunde sind. Dem »rasenden Fortschritt« steht eine ständige Gegenkraft der Verlangsamung gegenüber. Dazu gehört die störrische Verweigerung der Menschen, sein Beharren auf analogen, körperlich-animalischen Verhaltensformen. Dazu gehören Gewohnheiten. Faulheiten. Das Vergessen. Diese »limits of speed« sind in Wirklichkeit jedoch keine Hemmnisse, sondern höchst sinnvolle Regulationsmechanismen.

Das 20. Jahrhundert war in vieler Hinsicht eine weitaus schnellere Ära als unsere: Flugzeug, Auto, Telefon, Radio, Penicillin, Atombombe – die Durchbruchserfindungen häuften sich innerhalb weniger Jahrzehnte. In seinem Buch *The End of Science* hat der US-Wissenschaftler John Horgan vor einigen Jahren einen radikalen Standpunkt eingenommen: Der Fortschritt ist vorbei. Die »big plums«, die wichtigsten Erfindungen und Entdeckungen, so Horgan, sind gemacht. Der Rest ist Feinkram, mühsame Verbesserung, Detailarbeit, Lückenfüllen, Komplettierung, Cross-Referencing. Und unbedeutende, aber unglaublich aufwendige Fragen wie die, ob wir in einem zwölf- oder einem 18-String-Wurmlochuniversum wohnen …

Man muss Horgan nicht Recht geben. Aber man kann konzedieren: Wir lernen erst ganz, ganz langsam, wie der Code des Lebens funktioniert. Wir sind noch unendlich weit weg von einer wirklichen »Biotechnologie«. Wir sind in den sensationellen Technologien, die uns in der Jahrtausendwende-Euphorie des Jahres 2000 versprochen wurden, noch blutige Anfänger!

Die Explosion des menschlichen Wissens: Während die Zahl der Bits und Bytes, die in den planetaren Datennetzen kursieren, sich tat-

sächlich etwa alle fünf Jahre verdoppelt (Kontobewegungen, unsinni-
ge Mails, Fußnoten von wissenschaftlichen Traktaten ohne Ende), ist
»Wissen« eine viel zu kostbare Kategorie, als dass sie einfach »explo-
dieren« könnte (welch absurdes Bild!). »Die Welt ist kein informelles
System, sondern ein sinnvoller Text«, schrieb Steve Talbott in *Was
kommt nach der Informationsgesellschaft?*[23] Wissen ist analog, es läuft
nur auf menschlicher Hardware, und diese verhält sich noch weitaus
komplexer als unser Firmen-Server!

Besonders schwierig wird die Lage, wenn sich die Idee des Turbo-
Fortschritts mit dem mahnenden Zeigefinger verbindet: Bei Strafe
des Untergangs sollen wir uns nun alle – ja was denn? Verkabeln lassen? Unbedingt fortschrittsfreundlicher werden? Alles Neue bejahen?
Menschen ändern sich aber nicht durch Drohungen, sondern nur,
wenn sie neue Optionen erleben können! Und ihre Skepsis ist in vielen Fällen durchaus berechtigt!

Mit ein bisschen Humor können wir die Techno-Propheten
durchaus richtig einordnen – und unseren Spaß mit ihnen haben.
Nehmen wir zum Beispiel Walter Wacker. Er ist einer jener glühen-
den Botschafter aus dem Lande Technotopia, die Bücher über die
kommenden 5000 Jahre Technologie schreiben – und er kann reden
wie ein Motivationstrainer. Aber er ist auch noch witzig und ein
Künstler der rhetorischen Dialektik. Auf einem Kongress sagte er
neulich:

»Ich bin Futurologe, und ich denke mir diese ganzen Dinge natürlich aus […] Das einzige, was ich mit allergrößter Sicherheit weiß, ist,
dass ein Optimist eine gute Zukunft haben wird und ein Pessimist
eine schlechte«.[24]

Solange derlei offen ausgedrückt wird, besteht wenig Anlass, sich
Sorgen zu machen. Nur sollten wir von unseren Herren und Damen

---

NÜTZLICHE ZUKUNFTSFORMEL

Zukunft ist nicht Beschleunigung
Zukunft ist Evolution

---

der Übertechnik-Front nicht allzu viele Antworten auf die Frage erwarten, wie Zukunft *aussehen* wird.

Weshalb ist dies für die Frage der Future Fitness so wichtig? Zukunftskompetenz kann nur entstehen, wenn wir nicht ständig atemlos »den Trends« oder »der Beschleunigung« hinterherlaufen müssen. Nur wenn man überhaupt die Chance hat, Veränderungen in menschenmöglichem Zeitmaß zu beeinflussen, kann überhaupt so etwas wie *gestaltete und bewältigte Zukunft* entstehen.

Und darum geht es!

VERSTEHEN SIE, WIE ZUKUNFT ENTSTEHT, ODER DAS PROPHETISCHE PARADOX

Im Vorwort zu seinem ironischen Zukunftsroman *Der Held von Notting Hill* – die Beschreibung einer utopischen Big-Brother-Gesellschaft – hat Gilbert K. Chesterton Anfang des 20. Jahrhunderts das prophetische Paradox auf den Punkt gebracht. Unter der Überschrift »Einleitende Bemerkungen zur Kunst des Prophezeiens« schreibt er:

»Die menschliche Rasse hat von Anbeginn an Kinderspiele

gespielt [...] Eines dieser Spiele heißt ›Den Propheten Lügen strafen‹. Die Mitspieler hören dabei sehr genau und ehrerbietig auf alles, was die gescheiten Männer sagen, was in der nächsten Generation geschehen soll. Die Mitspieler warten dann, bis die gescheiten Männer tot sind, begraben sie hübsch ordentlich. Dann gehen sie hin und tun das genaue Gegenteil.«[25]

Die ersten Zukunftsbilder der Menschheit, vermittelt durch Religion, Tradition und Bindung an archaische Naturbedingungen, waren strikt linear. Zukunft war darin weder beeinflussbar noch »variabel«, sondern ein kontinuierlicher Verlauf:

Verantwortlich: Götter, Schicksal etc.

Heute ⟶ **Morgen**

Lineare Zukunft (No-Choice)

In den langen Jahren der Menschheitsgeschichte von der tribalen Gesellschaft bis zur modernen Zivilisation »flexibilisierte« sich der Zukunftsbegriff. Er öffnete sich menschlichem Handeln und verschiedenen Optionen. Die Menschen erkannten nun, dass es *mehre-re* »Zukünfte« geben könnte.

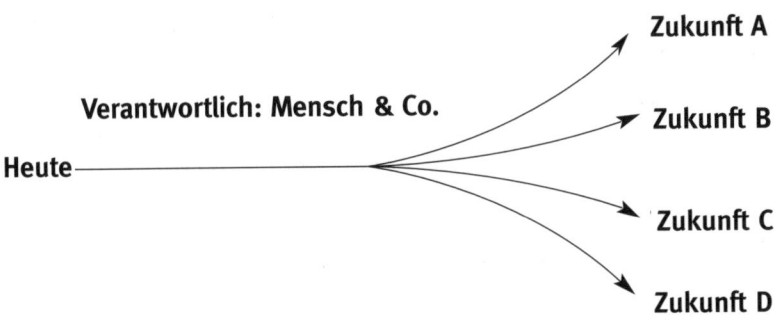

Multiple-Choice-Future (Szenarien)

Damit verbunden war das Ins-Zentrum-Setzen des Menschen, wie sie durch Descartes, Newton und nicht zuletzt auch die christliche Kultur möglich wurde. Die moderne Trend- und Zukunftsforschung hat schließlich das Wort »Szenario« für diese Varianten gefunden.

Früher oder später ergibt sich logischerweise damit die *Auswahloption:* Wenn es verschiedene mögliche »Zukünfte« gibt, dann wird eine davon am wahrscheinlichsten sein. Also erfolgt eine *Zukunftsselektion:*

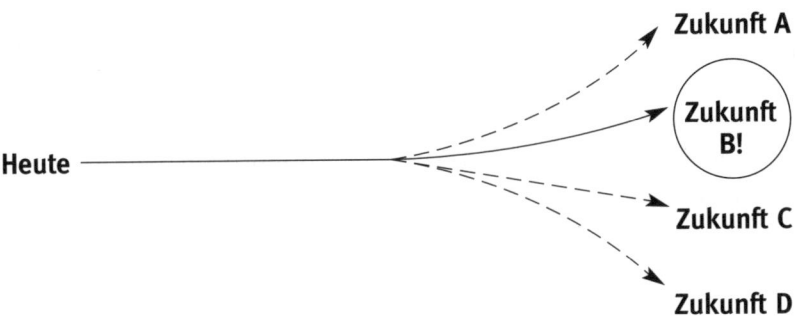

Zukunftsselektion

Damit entsteht nun als nächste Konsequenz immer auch eine Handlungsoption:

Was können/müssen wir heute tun, damit die Zukunft in dieser Weise entsteht (oder vermieden wird)?

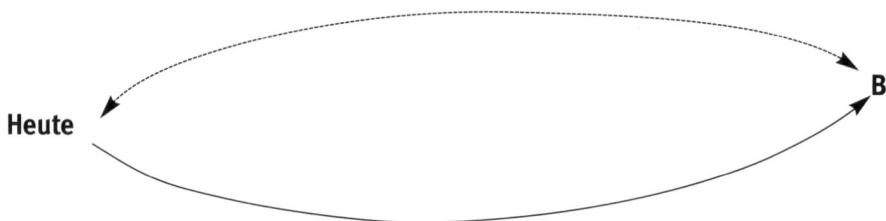

Heute   B

Zukunft als KREATION (rückgekoppelte Zukunft)

Zukunft entsteht also durch vier ineinander greifende Prozesse.

NÜTZLICHE ZUKUNFTSFORMEL

Zukunft = Evolution + Zufall + Verhandlung + Verhalten

---

1. *Evolution:* Der Entwicklung der Welt liegen bestimmte Konstanten zugrunde. Wir nennen sie im Rahmen prognostischer Arbeit *Metatrends.* Einige dieser Gesetze lassen sich universalisieren; so können wir etwa bestimmte evolutionäre Prozesse in der Biologie auch in der Welt der Organisationen, Unternehmen, der Wirtschaft wahrnehmen (»Märkte sind Biotope«).

2. *Zufall:* Als ausgleichende Gerechtigkeit existieren so genannte Wild Cards, von denen gleich noch die Rede sein wird. Zufällige Richtungsänderungen, Brüche, Rupturen im Kontinuitätsgefüge. Sie sind erahnbar. Man kann sie sogar valuieren, mit bestimmten Wahrscheinlichkeiten versehen. Aber wir wissen natürlich nicht, *wann* und *wo* und *wie genau* sie eintreten, die Bocksprünge, rabiaten Themenwechsel der Geschichte. Zufälle sind die Störelemente für die Prognostik – lauter fette Steine, die die Zukunft uns entgegenrollt …

3. *Vereinbarungen:* Zukunft entsteht schließlich durch einen permanenten, monumentalen, unsichtbaren, gigantischen *Abstimmungsprozess* unter Menschen. Milliarden entscheiden entlang der Linien aus *Erwartungen* und *Haltungen* über das Morgen. Und entsprechend steuern sie ihr Verhalten.

4. *Verhalten:* Und schließlich handeln wir. Wir heiraten oder lassen uns scheiden. Wir sparen lebenslang für einen Flug zum Mond. Wir beenden die Zukunft einer Fliege. Wir wählen eine Partei, die die Gentechnik fördert – oder eben nicht. Wir kaufen eine Technologie oder verschmähen sie. Wir – jeder Einzelne von uns – ist ein »Zukunftsgenerator«.

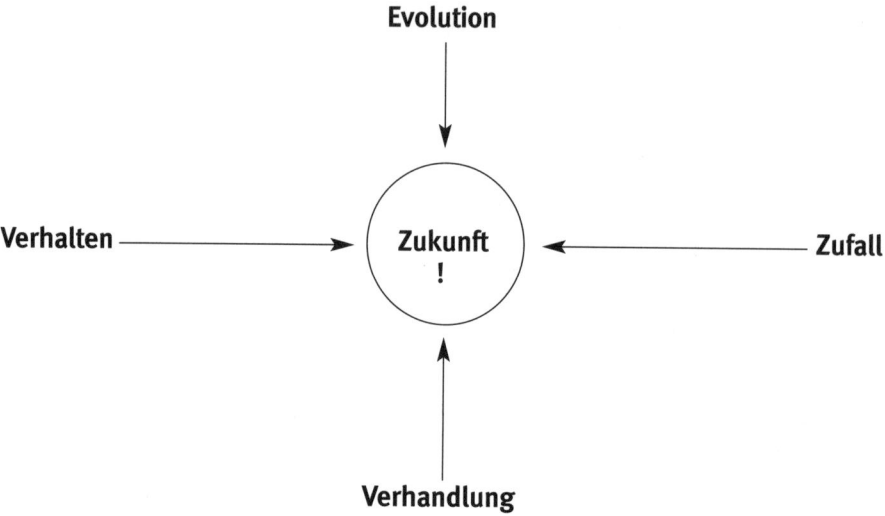

Wie Zukunft entsteht oder Der Zukunftsgenerator

Es ist wichtig, sich dieses »Kleeblatt des Zukünftigen« immer wieder vor Augen zu führen. Es zeigt uns, dass unsere Kräfte und Einflüsse begrenzt sind – wir können nicht alles kontrollieren und machen. Aber es zeigt auch, dass es keinen Determinismus der Zukunft gibt, kein »Zukunftsprogramm«. Zukunft ist offenes Werden, und wir selbst sind Akteure, Choreographen, und, wenn wir »future fit« sind, bisweilen auch Regisseure in diesem Spiel.

Wild Cards – Die unvorhersehbaren »Events« der Zukunft

Um die eben erwähnten so genannten Wild Cards besser greifbar zu machen, unterziehen wir uns auch hier einem kleinen Test: Welche der auf Seite 54 aufgeführten Ereignisse halten Sie

- in den kommenden zehn Jahren für wahrscheinlich?
- in den kommenden 25 Jahren für wahrscheinlich?
- in den kommenden 100 Jahren für wahrscheinlich?
  (auf einer Skala von null bis 100, also in Prozenten).

Das sind die wesentlichsten Möglichkeiten aus dem Arsenal des Schreckens, mit denen wir uns heute auseinander setzen können. (Sie sehen: Die Beschäftigung mit Desastern und Katastrophen macht richtig Spaß!) Wenn ich es richtig sehe, haben Sie aber bei den meisten »Events« Wahrscheinlichkeitsquoten unter fünf Prozent eingetragen, jedenfalls in Ihrer Lebensspanne. (Das macht die Sache für Ihre Kinder und Enkel nicht leichter!) Die spektakulärsten Unfälle haben logischerweise die geringste Prozentzahl.

Dieses Ergebnis zeigt, dass wir nicht *allzu viel* Zeit mit den Wild Cards verbringen sollten. Wirtschaftszusammenbrüche, Kometeneinschläge und Weltkriege sind zwar nicht völlig auszuschließen, doch für die Future Fitness unseres Betriebes (oder unserer Ich-AG) ist ihre Relevanz begrenzt. Wir müssen uns wohl oder übel auf den Pfaden der *wahrscheinlichen* Evolution bewegen. Allerdings ohne es zu versäumen, bisweilen links oder rechts in den Dschungel oder den Abgrund zu schauen!

	10 Jahre	25 Jahre	100 Jahre
Ein Terroranschlag mit über 10 000 Toten			
Ein Terroranschlag mit über einer Million Toten			
Eine weltweite Wirtschaftskrise mit ca. fünf Jahren Depression			
Ein lang anhaltender Rückgang des weltweiten Lebens-standards durch massive ökonomische Weltkrisen			
Eine Ölkrise, die zu massiven global-ökonomi-schen Konsequenzen führt			
Ein begrenzter Atomkrieg zwischen zwei verfeindeten Staaten			
Ein Dritter Weltkrieg, der zur Zerstörung weiter Teile des Planeten führt			
Ein Kontakt mit außerirdischen Intelligenzen durch den Empfang von Botschaften			
Ein Kontakt mit außerirdischen Intelligenzen, die real zu uns kommen			
Ein Gen-Unfall, der zum Ausbruch eines mutierten Virus und zu einer globalen Epidemie mit zigtausenden Toten führt			
Ein Magnetpolwechsel, der zum Untergang der Menschheit führt			
Ein Nanokrieg, in dem sich selbst replizierende Maschinen selbstständig machen und die Umwelt verseuchen			
Ein Kometeneinschlag mit Klimakatastrophe, der nur eine stark dezimierte Anzahl von Menschen überleben lässt			
Meine persönliche Lieblingskatastrophe			

NEHMEN SIE ZUKUNFTSHALTUNG AN UND WERDEN SIE ILLUSIONSLOSER OPTIMIST

Diese Illustration aus dem Jahr 1820 zeigt den Marsch in die Zukunft angesichts der Einführung einer neuen Technologie, der Eisenbahn. Es ist gleichzeitig ein perfektes Bild von »future un-fitness«: König, Bauer und Fahrensmann reiten in die Zukunft, auf qualmenden Schlachtrössern, unter Blasmusik, der König in der Mitte. Am Rande regelt der dicke Kontrolleur den Verkehr, das Volk grüßt die (ewige alte) Obrigkeit. Man reitet auf Lokomotiven, weil man keine andere Haltung der Fortbewegung kennt als die auf dem Pferderücken. Man buckelt, weil man immer schon zur Obrigkeit hingebuckelt hat.

Der »buckelnde« Marsch in die Zukunft

Das Bild ist eine Metapher – so geht es uns auch heute mit der Zukunft. Wir buckeln im alten Sinne, ohne das Neue wirklich zu verstehen. *Wir reiten rückwärts und treten auf der Stelle.*

Zukunftsfitness wird zuallererst von *Haltungen* entschieden. Also richten Sie sich auf! Kreisen Sie mit den Schultern! Bereiten Sie sich auf den aufrechten Gang vor! Meine Intention ist es, ihren »Satelliten« dabei ein wenig in den rechten oberen Sektor zu verschieben. Was ich als Grundhaltung vorschlage, ist eine Haltung des *illusionslosen Optimismus.*

Warum »illusionslos«? Die Zukunft ist kein Erlösungszustand, kein technologisches Nirwana, in dem »alles gut« wird. Der Planet wimmelt von ungelösten Problemen, die unsere ganze Kraft und Kreativität erfordern werden. Wir sind Teil der Evolution und als solche den Gesetzen von Überleben, Wachstum und Aussterben ausgesetzt. Die Zukunft ist keine Garantie. Sie ist ein Risiko.

Andererseits müssen wir uns an einem gewissen Punkt entscheiden, auf welcher Seite der Hoffnungsbarrikade wir stehen. Wollen wir in unserer vergangenheitsverliebten Komfortzone verharren? Oder wollen wir einen Beitrag leisten, dass Zukunft *möglich* wird (in unserer Familie/Gesellschaft/Firma)? Der Publizist Lionel Tiger hat diesen Entscheidungsprozess einmal »The Biology of Hope«[26] genannt: Wir müssen – und können – glauben, dass Menschen *lernen, wachsen* und auch in schwierigen Zeiten Übergänge bewältigen können.

Illusionsloser Zukunftsoptimismus (die Basis von Future Fitness) basiert auf folgenden *Haltungen:*

• *Die Zukunft ist robuster, als wir glauben* – sie kommt mit einiger Zuverlässigkeit auch auf uns zu. Die Menschheit wandelt seit ungefähr 100 000 Jahren auf diesem Planeten. Das ist, in planetaren

Maßstäben, nicht viel. Die Dinosaurier, die man gerne als Beispiel für nicht-nachhaltiges Artenverhalten benutzt (»Der Mensch benimmt sich wie ein Dinosaurier, er fährt zu große Autos und frisst den Regenwald auf!«) nahmen sich immerhin 300 Millionen Jahre Zeit, um auszusterben.

- *Nur weniges ist wirklich neu.* Aus dem Orbit eines gut positionierten Zukunftssatelliten wird schnell klar, dass vieles, was wir als sensationell oder beängstigend erachten, ein alter Hut ist. Es gab immer schon Umweltverschmutzung, Artensterben, Ignoranz gegen alte Menschen (früher viel mehr), Kindesmissbrauch (früher mehr denn je) und schlagende Männer (dito). *Wir haben nur andere Aufmerksamkeiten und Sensibilitäten entwickelt.* Dass es so viele Probleme gibt, heißt also nur, dass uns etwas bewusst wird. *Und das ist eine gute Botschaft!*

- *Die Natur ist keineswegs gut, gerecht oder gar »harmonisch«.* Besonders im deutschen Sprachraum richten sich die meisten utopistischen Zukunftshoffnungen auf »Mutter Natur«. Wird sind von Haus aus Natur-Romantiker und verbinden mit ihr eine mütterliche Fürsorge (man nennt das jetzt »Nachhaltigkeit«), die der Natur völlig fremd ist (umgekehrt verachten wir den »pragmatischen Nutzen«, den viele Entwicklungen aufweisen, die nicht »genuin natürlich« sind).[27] Die Natur hat den Menschen mit Bakterien und Viren traktiert, mit Überschwemmungen ersäuft, mit Vulkanausbrüchen erstickt, mit Hunger und Dürre malträtiert. *Und sie wird das auch in Zukunft versuchen.* Die Natur hat Gifte erfunden, die noch heute unsere Lebensmittelchemiker in das pure Staunen versetzen. Die Natur ist nicht gut, sie ist. Wir sollten nicht vor ihr auf die Knie fallen, sondern ein vernünftiges Arrangement mit ihr finden!

- *Es gibt Fortschritt.* Mein Sohn liest gerade eine witzige, wunder-
bar illustrierte englische Kinderbuch-Serie mit dem Titel *Why
you probably didn't like to be a Gladiator/Pharao/Viking Warrior.*
Am lustigsten: die Beschreibung einer Zahnoperation in der
Antike. Das ist guter Immunstoff gegen die Romantisierung der
Vergangenheit, in der angeblich alles noch »heil« war. Gegen diese
Romantisierung hilft meistens eine klare Gegenfrage: *In welcher
Zeit der glorreichen Vergangenheit möchten Sie gerne leben?* (Die
meisten Gebildeten wählen dann das alte Griechenland, aber
erstaunlicherweise immer nur als Mann und Philosoph; Zahn-
operationen möchten sie allerdings dort auch nicht unbedingt
absolvieren!)
- *Die Zivilisation kommt vorwärts, indem sie stolpert.* Fortschritt ist
kein »erhabenes Programm«, sondern ein gefährliches Wanken, bei
dem es uns immer wieder flach auf die Nase haut. Und dennoch:
Menschen befreien sich aus den Fesseln von Tradition, Unterdrü-
ckung, Armut. Menschen entdecken Varianten der Kultur, des
Wissens, der Technologie. Menschen *entfalten sich*, sie werden vom
Objekt zum Subjekt ihrer Geschichte(n). Das ist ein mühsamer,
ein langer, von Rückschritten begleiteter Prozess. Aber er findet
statt. Jede Millisekunde. Wenn wir »zukunftsfit« sind, können wir
ihn sehen – und würdigen.

Die ist der Geist der Future Fitness, die mentale Grundlage, auf der
wir Zukunftsschau – und schließlich »Zukunftsbusiness« – betreiben
sollten.

Ich möchte das Schlusswort dieses Einleitungsteils einem fast
schon vergessenen Publizisten überlassen, der im Jahre 1972 ein Buch
veröffentlichte, das damals garantiert nicht im Zeitgeist lag. Es heißt

Manifest eines Optimisten, und sein Autor, Louis Pauwels, hat im Grunde genommen alles gesagt, worauf es ankommt bei unserem Weg in die Zukunft:

ERLEUCHTENDES ZUKUNFTSZITAT

Ich bin für eine Gesellschaft, die, mit allen Vorteilen der Technik ausgestattet, ganz demokratisch einer reicher und immer reicher werdenden Zukunft entgegengeführt wird [...] Ich bin für die Leistungsgesellschaft und für die Güterumverteilung [...] Ich blicke mit Vertrauen in die Zukunft, dass die wachsende Vielfalt, die der Fortschritt mit sich bringt, das Ineinandergreifen des technischen, ökonomischen und sozialen Pluralismus, das internationale Gleichgewicht der Kräfte, alles in allem der ganze Determinismus, der unserer modernen Zeit innewohnt ein solides Korsett bildet, dass unsere ideologischen Fehlleistungen auf ein Minimum reduziert. Ich sehe keine Veranlassung, am Fortschritt zu verzweifeln. Wenn ich Ungerechtigkeiten feststelle, so bringt mich das keineswegs dazu, diese Zivilisation als inhuman zu bezeichnen. Ich halte sie nur für unvollkommen. Es liegt an uns, sie zu vervollkommnen [...]
Ich meine, dass eine Krankheit unserer Zeit der Hass auf die Gesellschaft ist, in der wir leben. Man erwartet und verlangt alles von ihr, aber nichts von sich selbst. So verhalten sich ungezogene Kinder, die meinen, daß sie nur mit den Beinen zu strampeln brauchen, damit ihre Wünsche erfüllt werden. Ich persönlich möchte meine reifen Jahre nutzen, um etwas für die Erfüllung meiner Wünsche zu tun. Mit klarem Kopf, gelassener Heiterkeit, dem kostbarsten Ertrag eines Menschenlebens.[28]

FUTURE TOOLS
ODER
ALLES, WAS SIE ÜBER
HANDWERKSZEUGE UND
ERGEBNISSE DER
TREND- UND ZUKUNFTSFORSCHUNG
WISSEN MÜSSEN

VERSTEHEN SIE, WAS EIN TREND IST UND WIE TRENDS FUNKTIONIEREN

Wir haben jetzt, wie ich hoffe, eine Art Grundhaltung zur Zukunft eingenommen, die uns einen klaren, nüchternen, aber auch konstruktiven Blick ins Morgen ermöglicht. Wenden wir uns jetzt den »Trends« zu, jenen Wellenbewegungen des Wandels, in denen Zukunft frühzeitig aufscheint und sichtbar wird.

Ich gebe zu: Ich haben inzwischen eine schwere Beziehungsstörung zum Begriff »Trend« entwickelt, der ein wahres Monster geworden ist. Dabei handelt es sich ursprünglich um einen ganz harmlosen Begriffszeitgenossen. Im *Großen Brockhaus* von 1957 heißt es:

ERLEUCHTENDES ZUKUNFTSZITAT

TREND: engl. Verlauf. Der Statistik: die Grundrichtung (dauerhafte Entwicklungstendenz einer Zeitreihe. Der T. ist eine der Bewegungskomponenten, die bei einer Analyse von Zeitreihen neben Konjunktur-, Saison- und Restschwankungen isoliert werden [...] Der T. gibt nur die langfristige Bewegung an, während er kurzfristige, auch regelmäßige Schwankungen ausschaltet.

Heute ist der Begriff inflationiert bis zur Unkenntlichkeit. Er wurde zwischen Friseuren, Börsenanalysten, genialen (Zukunftsforscher-)

Kollegen, esoterischen Spinnern und Alltagssmalltalk pulverisiert. Er wurde bis zur Unkenntlichkeit profanisiert und mit Beliebigkeit kontaminiert. Besonders im deutschen Sprachraum wird »Trend« fast nur noch als kurzfristige Modeerscheinung mit »In-und- Out«-Konnotation benutzt.

Da bist du ja wieder einem Trend auf den Leim gegangen!

Achtung! Trend-Mode 70 Prozent billiger!

Da wir ganz ohne dieses schöne Wort nicht auskommen: Vielleicht können wir uns auf eine ebenso einfache wie komplexe Definition einigen:

Trends sind Veränderungsbewegungen!

Trends sind immer eine »Story des Wandels«, nie einfach nur ein Produkt oder ein »Ding«. Sie führen ein Zwitterleben: So, wie Materie unter einem bestimmten Betrachtungswinkel ein Energieimpuls ist, sind auch Trends im Kern immer »energetische Strömungen«.

ERLEUCHTENDES ZUKUNFTSZITAT

Trends bündeln und organisieren die chaotische Wirklichkeit um uns herum. Sie bieten eine Struktur, einen Halt im unablässig auf uns einströmenden Meer der Meinungen, Geschmäcker und Optionen. Oft reicht es schon, etwas über Trends zu erfahren – ohne jedem einzelnen folgen zu müssen. Solange es Trends gibt, wissen wir: Es geht weiter, da draußen lässt sich immer wieder jemand was Neues einfallen. Und das ist doch ein gutes Zeichen, oder?

Heiko Ernst [1]

Die Schichten des Wandels

Wenn wir mit Trends arbeiten wollen – im Sinne der Erhöhung unserer Zukunftskompetenz – müssen wir verstehen, wie schnell und *in welchen Dimensionen* Veränderungsprozesse stattfinden. Dabei ist es nützlich, eine Art »Weltmodell« zu benutzen, das ich Ihnen hier vorstellen möchte. Dabei geht es zunächst und im Kern um die Veränderungsgeschwindigkeiten, also die »Zyklen des Wandels«:

Natur: Die langsamste »Veränderungsschicht« unserer Welt ist die Natur. In ihr kann es zwar abrupte Phänomene geben – Wirbelstürme, Klimasprünge, Kometeneinschläge –, generell ist die Evolution jedoch von starken Konstanten geprägt. Der Auf- und Niedergang von Spezies, die Entwicklung von Landschaften, die Bildung von Biotopen, all das zeugt von Ruhe und Geduld. An dieser generellen Langfristigkeit wird sich auch durch den Menschen nicht allzu viel ändern, allen aufgeregten Gerüchten zum Trotz. Wir messen den Rhythmus in der Natur also in *Äonen* – Wellenbewegungen zwischen 100 000 und zehn Millionen Jahren.

Äonenwandel   *10 Millionen Jahre*

Zivilisationen: Gesellschaftsmodelle haben Phasen des Aufgangs und des Untergangs, und diese sind naturgemäß kürzer als die Wellen der Natur. Das Römische Reich währte rund 1000 Jahre. Die Entwicklung der indianischen Hochkulturen in Mittel- und Südamerika fand entlang einer Zeitschiene von 2000 Jahren statt. Noch etwas anders verhält es sich mit dem Auf und Ab von *Zivilisationstypen.*

In der neueren Trend- und Zukunftsforschung betrachten wir die Zivilisationsentwicklung in einer aufsteigenden Komplexitätslinie – mit einem evolutionären »Zeitpfeil«. Diese langfristigen zivilisatorischen Grundwellen hängen fundamental mit den Schlüsselressourcen, den Technologien und den darauf fußenden Organisationsformen der Gesellschaft zusammen. In diesem System existieren bislang vier »nachgewiesene« und sauber abgrenzbare Zivilisationstypen mit drei dazwischen liegenden Übergangswellen:

- Jäger und Sammler (Tribalismus): 100000 bis ca. 5000 v. Chr.
- Agrarische Zivilisation (Feudalismus) : 5000 v. Chr. bis 1800
- Industrielle Zivilisation (Demokratie): 1800 bis ca. 2000
- Wissensökonomie (Network Society): 2000 bis ?

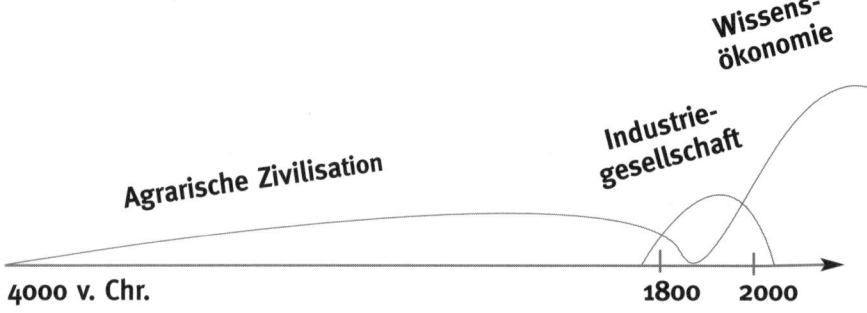

Zivilisationen im Wellenmodell

Die Grenzen zwischen diesen Typologien sind nicht völlig scharf, so findet man die verschiedensten Mischformen zwischen agrarischen und industriellen Kulturen (in der arabischen Welt etwa existieren auch noch tribale Muster in äußerlich modernen Gesellschaftsformen). Die Übergänge zwischen diesen Modellen sind sehr langfristig, so brauchte es etwa hundert Jahre, bis aus der agrarischen Gesellschaft Mitteleuropas eine »echte« Industriegesellschaft wurde (der Übergang zur Wissensgesellschaft dürfte etwas kürzer dauern, ist aber auch kein Saisonprojekt ...).

Technologie: Wie der russische Ökonom Nikolai Kondratieff nachgewiesen hat, sind die technologischen Wellen des industriellen Zeitalters relativ konstant: Alle fünfzig, heute wohl eher alle vierzig Jahre, verändert eine Schlüsseltechnologie (und meist ein oder zwei Rohstoffe) unsere gesamte Wertschöpfungskette, erhöht den Wohlstand, führt zu Rationalisierungskaskaden und gesteigerter Produktivität. Die jüngste Entwicklung, der Aufstieg und Abstieg der Infotech-Welle, hat gezeigt, dass dies immer noch in einem relativ berechenbaren Rhythmus erfolgt und dass es eher unwahrscheinlich ist, dass sich die Amplitude der Kondratieff-Wellen entscheidend verkürzt (bis aus der Biotechnik eine ausgewachsene Produktivitätswelle entsteht, werden noch Jahrzehnte vergehen). Die Wellen der letzten 200 Jahre, in denen jeweils eine Schlüsseltechnologie und ein Schlüsselrohstoff die Welt veränderten, sehen so aus:

1830: Dampfmaschine und Baumwolle
1880: Eisenbahn und Stahl
1910: Elektrizität und Chemie
1950: Auto und Erdöl
1990: Computer und Information

ca. 2030: Gen- und Biotechnologie

ca. 2090: Nano-Engineering

ca. 2900: Siderale Technologie (Quantentechnologie)

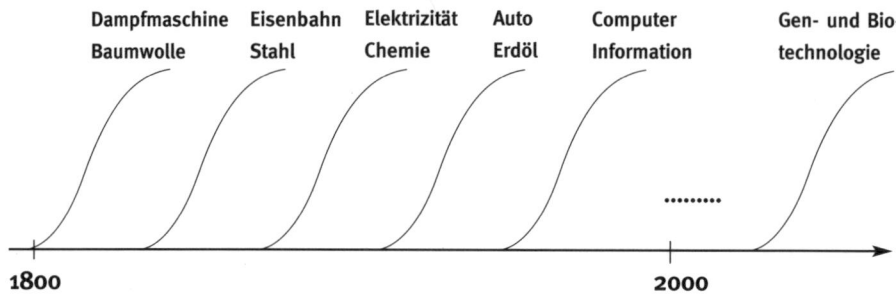

| Dampfmaschine | Eisenbahn | Elektrizität | Auto | Computer | Gen- und Bio- |
| Baumwolle | Stahl | Chemie | Erdöl | Information | technologie |

1800   2000

Die Kondratieff – Wellen

Technologischer Fortschritt läuft stets in »Überschuss-Wellen«. Das heißt: Es entsteht eine kurze, euphorische Durchbruchsphase (wie wir sie beim Auto, bei der Elektrizität und beim Computer beobachten konnten). Dann aber kehrt zunächst einmal wieder Ernüchterung ein, eine »Adaptionsphase« beginnt, in der die Zivilisation langsam lernt, Technologien in den sozialen Alltagsgebrauch zu übersetzen und die nötigen Infrastrukturen zu schaffen.

In den technologischen Wellen lassen sich auch *langfristige* Muster ablesen: Während es in den letzten 200 Jahren eher um die Verfeinerung und Entwicklung *mechanischer* Technologien ging, steht nun die Eroberung der *Mikro-Welten* bevor: die Erforschung der Bits und Bytes, des Gencodes und der Nanowelt. Dieser Lang-Zyklus wird sehr wahrscheinlich noch bis ins nächste, das 22. Jahrhundert, andauern. Danach wird die nächste Stufe der technologischen Meta-Entwicklung beginnen: quantenphysikalische Anwendungsformen, die irgendwann – es kann noch ein Jahrtausend dauern – zu »sideralen«, das heißt auf Quantenphysik aufgebauten Technologien führen werden.

Ökonomie/Konjunktur: In die Rhythmik der Ökonomie scheint neuerdings eine gewisse Unregelmäßigkeit eingebaut zu sein. Dennoch lassen sich im Muster der Konjunkturen und Rezessionen immer noch jene Sechs- bis Zehn-Jahres-Abstände erkennen, die die industrielle Ökonomie prägten. (Offenbar ist dies auch ein Universalprinzip: Schon die Bibel prognostiziert »Sieben gute und sieben schlechte Jahre«, und in der Anthroposophie ist der Sieben-Jahres-Rhythmus konstituierend für die mentale Entwicklung des Individuums.) Sonderkonjunkturen wie nach dem Krieg oder die New-Economy-Millennium-Euphorie-Phase dauern etwas länger, Zwischenkonjunkturen sind etwas kürzer. Statt nationaler bestimmen jetzt globale *Investitionszyklen* den Takt: Globales Kapital flutet und ebbt durch die Kapitalmärkte und sucht nach Vermehrung. Zu erwarten ist, dass aufgrund höherer globaler Interdependenz sich die Krisen- und Aufschwungzyklen vertiefen. Und grundsätzlich gilt: Während die Schwellen- und Entwicklungsländer mit hoher Geschwindigkeit wachsen, stagniert in den spätindustriellen Gesellschaften das Wachstum auf niedrigem Niveau.

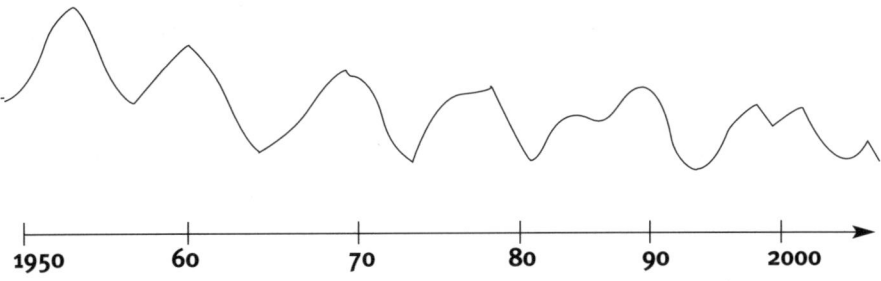

Die Konjunkturwellen in Deutschland seit 1950

Märkte und »Zeitgeist«: In noch einen Deut kürzerem Rhythmus –
in etwa Vier- bis Fünf-Jahres-Zyklen – verlaufen die Aufs und Abs der
einzelnen Märkte und Marktsegmente. Märkte wie der Telekommunikationsmarkt sind typisch für diese eher kürzeren, dafür aber umso aus-
geprägteren Phasen: Einer steilen Aufwärtsbewegung von fünf Jahren
folgen Katzenjammer, Fusionen und Firmenzusammenbrüche. In der
Alltagskultur sind es bestimmte »Power-Themen«, die etwa fünf Jahre
den gesellschaftlichen Diskurs dominieren – und dann wieder schnell
in Vergessenheit geraten bzw. sich in den »Mainstream« integrieren:

70er Jahre: Jugendrebellion
Frühe 80er: Frieden
Späte 80er: Umwelt, neue Jugendkultur
Frühe 90er: Konsum-Verfeinerung, Hedonismus
Späte 90er: Cyberspace, digitale Revolution
2000: Globalisierung und Antiglobalisierung
2002: Welt-Terrorismus

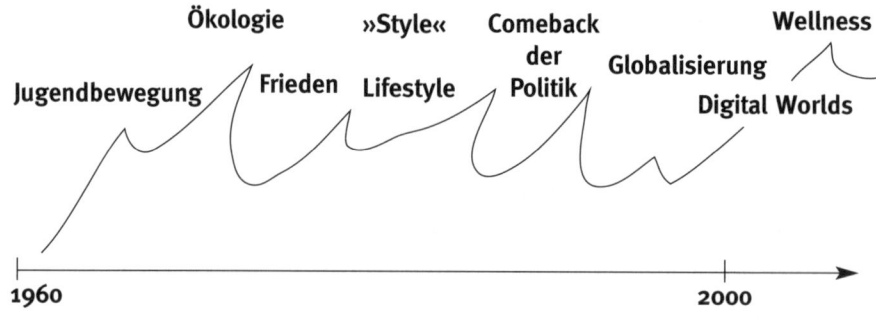

Märkte bzw. »Zeitgeist«-Zahlen und »Power-Themen«

Moden und Produkte: Auf dem Meer dieser längeren Wellenbewegungen kristallisieren sich nun die Phänomene unserer Gegenwart heraus: Technik-Spielereien, Saisonphänomene, Marotten, Gerüchte, Fetische, Hip-Kulte, Meinungen, Farbmoden, Produktkulte, die einen oder auch mal zwei Sommer leben. Microscooter, Big Brother, DVD, Absinth-Kult, italienische Espressomaschinen, Cybersex, BSE, Ballermann. Das ist die Ebene der »Trends«, wie sie im allgemeinen Sprachgebrauch und in den Trivialmedien existieren.

Deren Lebensdauer war keineswegs immer so kurz. Das »System Mode« funktionierte vor der Mitte des 20. Jahrhunderts noch nach relativ stabilen Regeln. Die Modeentwicklung richtete sich damals noch nach Produktionsfunktionalitäten und relativ langsam verlaufenden Rollenentwicklungen. Mode war ein System der Konventionen, der Klassen-Darstellung. »Man trägt, was andere tragen« – das machte sie berechenbar. Bis etwa in die 70er Jahre hinein existierte zum Beispiel noch die recht verlässliche »Minirock«-Regel: Je besser die Konjunktur, desto kürzer die Röcke! Tatsächlich galt für einige Jahrzehnte: In Zeiten wirtschaftlichen Aufschwungs gingen Frauen ein höheres erotisches Risiko ein, um sich auf dem Markt der gut verdienenden Männer einen Partner zu angeln …

Mode ist aber auch immer schon – das ist ihre andere Seite – vom Spiel »Avantgarden versus Mainstream « geprägt. Schon im 19. Jahrhundert gab es alle Jahre wieder einen »Modeskandal in Paris«, und man diskutierte, ob die Wespentaille zurückkehrte (Comebacks waren immer schon das eigentliche Spielfeld der Mode). Mit der Entwicklung der modernen Individual-Konsummärkte, der sexuellen Revolution und der Erstarkung der eigenständigen Designer erhöhten sich die »Chaosfaktoren« im System Mode. Im Laufe der 60er Jahre wurde auf diese Weise das einst so berechenbare System auseinander genommen, fraktalisiert – und schließlich gesprengt. Die Modehersteller verloren an Einfluss – oder sie öffneten sich den nun im Saisontakt wechselnden Trends. Die Produkzyklen verkürzten sich, in den 80er Jahren übernahm die Parole »everything goes« die Macht über die Modewelt. Die Folge: ein eklektizistisch-chaotisches »System« mit unendlich vielen Revivals und Recyclings, das in alle Richtungen »auseinander fährt«.

Wer genialische Jungredakteure auf die Probe stellen (und ein bisschen quälen) möchte, muss sie nur nach Mailand schicken – mit dem Auftrag, die wichtigsten Modetrends der nächsten Saison zu beschreiben. Hier ein beliebiges Beispiel aus dem Sommer 2002:

»Crossover-Outfits heißt die Devise. Zur Neuinterpretation von Smokingjacken trägt man ärmellose Hemden und Combat-Hosen, zu edlen Nappalederjacken kombiniert man Jogginghosen-Trash. Über ein Kimonohemd wird ein Blazer angezogen, dazu dürfen dann durchaus Lederschlappen getragen werden.«[2]

Für die Zukunft sagen also viele Phänomene, die wir auf den Oberflächen unserer Konsumkultur beobachten können, nicht allzu viel aus. Trendscouts haben sich deshalb in den seltensten Fällen bewährt, weil sie zwar eine Vielzahl von innovativen und anregenden Ideen von ihren Streifzügen mitbringen können, aber keine Ahnung haben, wie man diese Oberflächenphänomene sinnvoll *einordnen und beurteilen* kann.

Und dennoch: es gibt die Zusammenhänge zwischen »Produktmoden« und den darunter liegenden Trend-Strömungen: Der Miniscooter als Produktphänomen war ein Teil des langfristigeren »urbanen Mobilitätstrends«. Tattoos sind Teil des Trends »Gegenkultur des Dunklen« und »Bad Taste«. Aber dies »nach vorne zu berechnen« ist nahezu unmöglich. Hier ist auf Seiten der Entwickler und Entschei-

der Intuition und Kreativität gefragt, auf Basis einer genauen Kenntnis zugrunde liegender Veränderungsbewegungen.

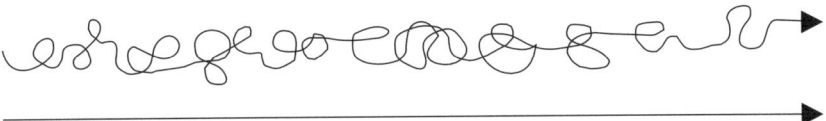

Die erratische Linie der kurzfristigen Moden und Produkt-Trends

Wir haben jetzt eine Art kleiner Weltmaschine konstruiert. Einen
»Schichtkuchen« der Veränderungsgeschwindigkeiten oder auch: eine
Hierarchie des Wandels.

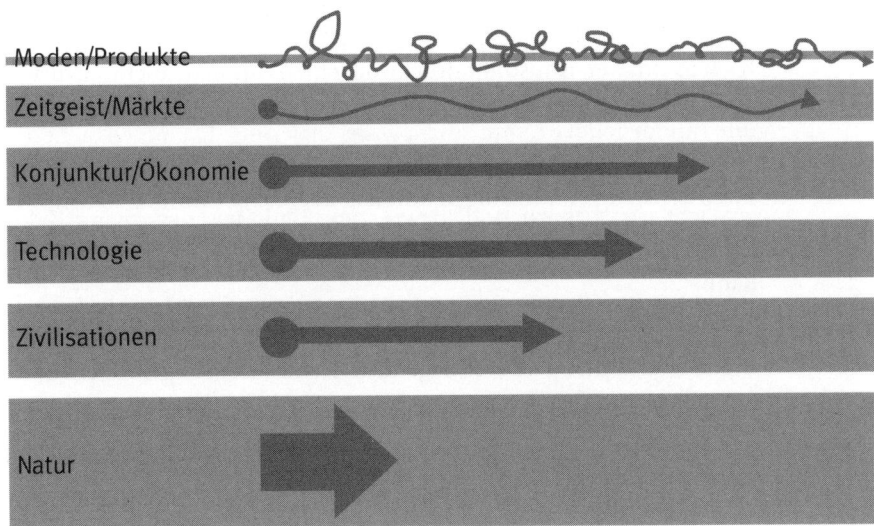

Die Schichten und Geschwindigkeiten der Zivilisation

UNTERSCHEIDEN SIE SAUBER ZWISCHEN TREND, MEGATREND, PRODUKTTREND ETC.

Nun geht es darum, verschiedene Trendbegriffe und Trend-Kategorien logisch in dieses System einzuordnen:

Metatrends: Die Evolutionskräfte im Hintergrund

In der Natur gibt es einen Impuls, der unser Universum zu mehr macht als einer Wüste unbewohnter Gesteinsbrocken, die nach den Regeln eines Uhrwerks umeinander kreisen. Er besteht in dem hartnäckigen Versuch, aus Einfachem Komplexes zu schaffen. Der Name dieser Maschine: *Evolution.* Organismen, Biosphären und Biotope differenzieren sich über Jahrmillionen aus, erhöhen ihre Diversität, ihre Interdependenz, ihre innere Differenzierung. Daraus entsteht der Zeitpfeil der Evolution, jener ungeheure Prozess, der uns zu dem gemacht hat, was wir sind: Bewusstsein und Geist. Hermann Kahn bezeichnete diese Tatsache als »langfristigen komplexen Trend«; ein Wirkprinzip, das uns und unsere heutige Konsumwelt mit Sicherheit überdauern wird.

Megatrends: Die Blockbuster der Trendwelt

Der Begriff *Megatrend* wurde von John Naisbitt erfunden, der darauf ein Lebenswerk und eine ganze Disziplin gründete: die moderne, interdisziplinär-ökonomische Zukunftsforschung. Dass sein Standardwerk *Megatrends* in den frühen 80ern erschien, ist kein Zufall: Die Globalisierung und die Entwicklung der Massenmedien erzeugten zu diesem Zeitpunkt zum ersten Mal eine globale Realität, in der Entwicklungen nicht nur auf bestimmte Regionen des Planeten, auf Subsysteme beschränkt blieben. Nun konnte man Veränderungen schildern, die in New York und Shanghai stattfanden, in der Wirtschaft und der Kultur, in Kleinen, Alltäglichen *und* im Großen. Diese *Universalität* ist das Wesen von Megatrends und unterscheidet sie von anderen Trend-Kategorien:

- Megatrends sind *langfristig:* Sie prägen einen Wandel, der mindestens ein halbes Jahrhundert andauert.
- Megatrends umfassen die Schichten Zivilisation, Konjunktur, Technologie und machen sich bisweilen auch auf der Ebene des Zeitgeists und der Märkte bemerkbar.
- Megatrends sind prinzipiell global, das heißt sie sind überall auf unserem Planeten zumindest in Ansätzen spürbar. Selbst wenn es gewaltige Ungleichzeitigkeiten gibt – früher oder später kommt ein echter Megatrend auch in, sagen wir, Burkina Faso, südlich der Sahara, an.
- Megatrends sind *ubiquitär und interdisziplinär.* Ihre Auswirkungen umfassen *alle* Bereiche des menschlichen Lebens: Technologie, Kultur, zwischenmenschliche Beziehungen, Arbeitswelt, Konsum. Sie lassen sich auf der mentalen Ebene ebenso »erkennen« wie im Reich der ökonomischen Fakten.

Konsumententrends: Schnittmengen des alltäglichen Wandels

Faith Popcorn, unsere sensible Trendschwester aus Manhattan, ist unangefochtene Meisterin dieser Trendkategorie. Sie hat die Kunst der Konsum-Betrachtung mit Kategorien des sozialen Wandels verschmolzen – und sie ist nicht zuletzt eine Meisterin des »Naming«.

Konsumententrends leben zunächst einmal – und das macht sie etwas heikel – vom prägnanten Wort. Die typischen -ing-Begriffe, die nur im Englischen wirklich pointiert sind und phonetisch und grammatikalisch funktionieren (ein Grund, weshalb die Trendforschung so schrecklich anglizistisch daherkommt), können eine hypnotische Wirkung haben und zu »running gags« werden. Aber Faith Popcorn wird bei ihren Trendbegriffen nie oberflächlich. Schauen wir uns einmal fünf von Popcorns Konsumententrend-Klassikern an:

- Clanning: Wir alle wollen Gefühle mit Gleichgesinnten teilen und uns sozial in Netzwerke einfügen.
- Cocooning: Wir wollen uns vor Risiken und Unsicherheiten der Außenwelt schützen und gestalten mehr denn je unsere unmittelbare Umgebung.
- Anchoring: Wir suchen nach unseren spirituellen Wurzeln und unserer Herkunft.
- Ego-nomics: Wir wollen uns zunehmend individuell in Produkten ausdrücken.
- Small Indulgences: Menschen suchen kleine Verwöhnungen ohne negative Konsequenzen.

Dies sind Übersetzungen von sozialen Phänomenen in die Konsumwelt. In jedem dieser Begriffe spiegelt sich gleichzeitig ein spezifisches Defizit

moderner, urbaner Kulturen – Mangel an sozialer Nähe, Mangel an
Heimat und Verankerung, Mangel an gelebter Individualität etc. Konsumententrends geben also nicht plattes Konsumentenverhalten (Pro-
dukttrends) wieder, sondern sie kartografieren Wunsch-Landschaften!

- Konsumententrends haben eine Halbwertszeit von zehn bis fünf-
  zehn Jahren.
- Sie markieren generalisierte Veränderungen im Konsumverhalten, die
  nie nur ein einzelnes Produkt oder eine Produktgattung umfassen.
- Konsumententrends reichen von den Schichten Technologie, Konjunktur, Märkte/Zeitgeist bis in die Oberflächen-Bereiche des
  Konsums. Dort »kristallisieren« sie einzelne Produkte oder Modetrends aus, aber sie *erschöpfen* sich niemals in einem Produkt.
- Konsumententrends umfassen neben einem »Schwarm« von Pro-
  dukttrends auch ein soziales Kernmotiv. Sie benennen und veran-
  kern eine *Theorie der neuen Knappheit*: In der Konsumkultur entstehen neue Sehnsüchte und Mangelerscheinungen, die von der
  Warenwelt nicht mehr befriedigt werden. Um diese Bedürfnisse
  herum »kristallisieren« bestimmte »Cluster« von Verhaltensweisen.

Weitere Trendkategorien

Unterhalb dieser Ebenen beginnt das große Feld der Beliebigkeit.
Hier lassen sich Trends und Trendkategorien nach Belieben definieren, und solange der Bezugsrahmen sauber und die Fragestellung klar
bleibt, kann dies durchaus sinnvoll für Positionierungs-, Marketing-
oder Innovationsprozesse sein:

- Branchentrends: Welche Branchen steigen auf oder ab? Welche Wandlungsprozesse gibt es innerhalb der Branchen (Vertriebssysteme, Logistik, Produktarten, Wertschöpfungsketten, Strukturen etc.)?
- Marketingtrends: Welche Methoden setzen sich in wandelnden Marktumfeldern durch? Wie zwingen neue Wünsche der Kunden und soziale Strukturen das Marketing zur Anpassung?
- Wertetrends: Welche Wertesysteme entwickeln sich in der modernen Gesellschaft?

Spätestens jetzt ist klar: »Megatrends im Verpackungswesen« – sorry – das passt nicht, das haben wir nicht am Lager!

DER MEGATREND-SCHNELLKURS

Wer die wichtigsten Megatrends gut kennt, ist im Grunde »future fit« genug, um sich in Sachen Zukunft als Experte fühlen zu dürfen.

Der klassische Megatrend unserer Tage ist die *Globalisierung.* Ein typischer Vertreter seiner Zunft: mächtig, Angst erregend, kontrovers. Eigentlich ist Globalisierung uralt (schon die alten Phönizier globalisierten). Aber erst heute, in der Zeit von weltumspannendem Güter- und Flugverkehr, in der IT- und Medien-Ära, ist diese Entwicklung »geschichtsmächtig« geworden – sie greift tatsächlich in alle Lebensbereiche ein. In der Kultur (Weltmusik, Hollywood) ist Globalisierung ebenso spürbar wie in der Wirtschaft und in den Konsummoden, in der Technologie ebenso wie in der Welt des Wissens, wo sich die globale Wissenschaft zu einem *global brain* zusammenfügt.

Da jedoch schon unendlich viel über Globalisierung gesagt worden ist – und der Begriff inzwischen derart ideologisch verbogen und instrumentalisiert wurde, dass man ihn kaum noch in den Mund nehmen will – möchte ich mich hier auf die anderen, eher lebensweltlichen Vertreter der Spezies *Megatrend* konzentrieren.[3]

Megatrend Frauen

Im Herbst 2001 sprach ich vor der Führungskräfte-Jahresversammlung einer Schweizer Bank. Im Saal saßen 350 Personen, von der Top-Führungsspitze bis hinunter zum Filialleiter. Das Publikum in diesem herrlich plüschigen Grandhotel war auf eine Weise homogen, wie ich es seit langem nicht mehr erlebt habe (und wahrscheinlich nie mehr erleben werde): dunkelblau, männlich, 50 plus. Ich konnte zur Begrüßung tatsächlich nur »Meine Herren!« sagen (die einzige Frau im Saal war eine Kellnerin mit Schürze).

Als ich in meinem Vortrag das Kapitel »Megatrend Frauen« begann, herrschte plötzlich eine erhebliche Unruhe im Saal. Deutliches Hüsteln, ja Lachen hinter vorgehaltener Hand. Ich ließ mich daraufhin zu einer kleinen Provokation hinreißen: »Ich möchte gerne eine Prophezeiung machen. Im Jahre 2010 werden in diesem Saal 20 Prozent Frauen sitzen!«

Ich finde 20 Prozent nicht so sensationell viel und wähnte mich deshalb auf der sicheren Seite. Aber der Vorstandsvorsitzende, mein Gastgeber, nahm mich nach dem Vortrag zur Seite: »Das war wirklich ein interessanter und amüsanter Vortrag. Aber Ihre so genannte Frauenquote – das nehmen wir Ihnen nicht ab ...«

Er ließ sich nicht im Geringsten irritieren (und ging noch nicht einmal auf meinen Vorschlag ein, um 1000 Franken zu wetten). Und ich fürchte, er hatte sogar Recht. Allerdings nur unter einer Bedingung: Die Bank, dessen Vorsitzender er ist, existiert in zehn Jahren noch mit genau denselben nationalen Eigentümer-Mehrheiten. Wenn die Bank amerikanische, französische, skandinavische, selbst deutsche Miteigentümer bekäme, wäre es ziemlich bald aus mit 100 Prozent Männerquote!

Frauen sind, das ist die simple *Grundthese* des »Megatrend Frauen«, an allen Fronten auf dem Vormarsch. Kulturell. Politisch. »Wertemäßig«. Ökonomisch.

Man muss diese Aussage allerdings streng vom *Emanzipationshype* trennen. Man darf sich nicht von Illustriertengeschichten, Talkshow-Palaver oder den Edith Schlaffers und Alice Schwarzers dieser Welt kirre machen lassen. Man muss sie zudem (gerade als Mann) sorgfältig von der Ebene der Ho-ho-ho-Männerwitze trennen (»Meine Frau hat bei mir zu Hause sowieso das Sagen!«).

Die Anatomie des »Megatrend Frauen«:

- In allen industrialisierten Nationen, aber auch in der überwiegenden Zahl der Schwellenländer mit Ausnahme weniger fundamental-islamischer Länder hat in den letzten Jahrzehnten ein entscheidender historischer Umverteilungsprozess eingesetzt. In seinem Zuge wurde die »Kernressource Bildung« von den jungen Männern auf die jungen Frauen umverteilt. Besonders in der höheren Bildung, bei den Abiturjahr- und Studiengängen, haben wir heute weltweit mehr Mädchen als Jungen, mit besseren Abschlüssen, kürzeren Studiengängen. (Währenddessen dominiert das männliche Geschlecht in den unteren Bildungsabschlüssen, Volksschulen, Sonderschulen sind Jungenschulen.)

- Dieser Trend wird gestärkt durch den Übergang zu einer wissens-ökonomischen Berufswelt. Während Männer in großer Zahl Opfer von De-Industrialisierungsprozessen werden – sie fallen aus den alten Produktions- und Facharbeiterjobs heraus – haben Frauen in einer auf Kommunikation und Teamwork aufgebauten Dienstleistungswelt weitaus bessere Aufstiegschancen. Die sie trotz vieler kulturell-politischer Hemmnisse auch hartnäckig nutzen!

- In der kommenden Verknappung der gebildeten Arbeitskräfte (durch das Sinken der Geburtenraten und den ständigen Anstieg der Zahl wissensbasierter Berufe) werden Frauen zur entscheidenden strategischen Arbeitsreserve für die Unternehmen. Die Folge: Im Unterschied zu früher werden Unternehmen und Staat eine Menge dafür tun, Frauen in qualifizierte Jobs hineinzubekommen *und dort zu halten.*

- Durch diese Prozesse kommt es mittelfristig zu einer Umverteilung sowohl der Berufschancen als auch des erzielten Erwerbseinkommens. Das Einkommen aber entscheidet letztlich über die Macht- und Einflussstrukturen in der Gesellschaft.

- Soziokulturell macht sich der »Megatrend Frauen« durch eine zunehmende erotische und emanzipative *Aufrüstung* der Frauen und eine *Abrüstung* der Männer bemerkbar. Man lese Frauenzeitschriften, zeitgenössische Romane oder sehe Vorabendserien!

Diese bewusst eher trocken gehaltenen soziologischen Tatsachen beschreiben einen der wahrscheinlich fundamentalsten Werte- und Macht-Shifts in der Geschichte. Sie erklärt, warum Scheidungsrate und Alleinerzieher-Quote weiter ansteigen, warum Heiratsverweigerung zunimmt. Sie beleuchten schlagartig Phänomene wie das »neue Girlietum« – die erotisch unglaublich selbstbewussten jungen städtischen Frauen unserer Tage – oder das Phänomen der »neuen reifen 50er-Powerfrauen«, die unsere Filme und Fernsehserien als neue Heroinen dominieren. Sie bilden den Hintergrund für das ständige Ansteigen der Zahl männlicher Single-Haushalte zwischen 30 und 50, in denen die eher ungebildeten alleinstehenden Männer nicht mehr »abgeholt« werden, weil sie für die jungen Frauen keine attraktive Partie mehr darstellen. Sie erklärt, warum Männer sich heute mit Frauen so schwer tun (und vice versa): Der »alte Deal« zwischen Mann und Frau ist ausgelaufen. Ein neuer ist, zumindest auf gesamtgesellschaftlicher Ebene, noch nicht wirklich in Sicht.

Die neue Stärke der Frauen führt umgekehrt zu einer globalen Schwäche der Männer, die sich in den kommenden Jahrzehnten als Quelle mannigfacher Konflikte erweisen wird. In den Schwellenländern existieren heute Millionen von »überflüssigen« jungen Männern, die kaum einen Job bekommen werden, niemals heiraten und (außer via Prostitution) wahrscheinlich niemals Geschlechtsverkehr haben können (die Frauen werden in polygamen Kulturen von den Wohlhabenden »weggeheiratet«). Das ist der Nährboden für soziale Unruhen und Gewalt, bis hin zum Terrorismus.

Letztlich krempelt der »Megatrend Frauen« unser gesamtes Werte- und Alltagsmodell um, das in 200 Jahren industrieller Kultur entstanden ist. Die Kernfrage lautet: Warum, *warum* sollen Frauen lebenslang Kinder erziehen, den Haushalt managen und sich um den gestressten Mann kümmern?

»Sie haben noch eine andere Möglichkeit«, sagte ich zu dem Vorstandsvorsitzenden der besagten Schweizer Bank. »Sie könnten die Frauen wieder von der Bildung ausschließen.«

Großes Gelächter beim umstehenden Bankerkreis.

Die graue Revolution (»Megatrend Alterung«)

Oft reagieren wir auf einen dramatischen Veränderungsprozess durch eine »Verschiebungsproblematisierung«. Der »Megatrend Alterung« folgt diesem Schema: Leitkommentare, Kolloquien, Polit-Hearings überschlagen sich mit düsteren Prognosen zur Rentenkrise des 21. Jahrhunderts. Die Aussichten in diesem Szenario sind finster. Generationskriege toben zwischen Alt und Jung, weil die Jungen die Alten auf ihren dürren Schultern bis ins späte Grab tragen müssen ...

Es lohnt sich, einmal aus einem ganz anderen Blickwinkel auf die erstaunliche Verlängerung der Lebenserwartung zu blicken, die heute von allen Statistikern bestätigt wird (auch wenn beispielsweise Russland derzeit eine gegenteilige Tendenz verzeichnet).

- Langlebigkeit entwickelt sich medizinisch in anderen Bahnen, als wir vielfach annahmen. Eine ältere Gesellschaft ist nicht automatisch eine sieche Gesellschaft. 70 Prozent der Alten »altern erfolgreich«. Wer ein hohes Alter erreicht, der hat viele Krankheiten gleichsam »ausgesessen«. (Wer mit 90 Asthma hat, wird nicht 90!)
- Die Verschiebung des Lebensmittelpunkts bewirkt die Entstehung und Entfaltung neuer Lebensphasen. Das »zweite Alter« zwischen 50 und 70 ist nun eine eigenständige Phase, die nicht nur als Niedergang und Rückzug, sondern als gestaltbarer Lebensabschnitt erfahren wird. Damit wird das Leben in längeren Horizonten planbarer – und abwechslungsreicher.
- Eine ältere Gesellschaft ist eine Gesellschaft mit veränderten Werten. In ihr bekommen Reifung, persönliches Wachstum und Gelassenheit eine andere Bedeutung.[4]
- In einer älteren Gesellschaft entwickelt sich ein massiver Trend zur

Gesundheitsvorsorge. Eben weil wir wissen (oder zumindest ahnen), dass wir wahrscheinlich ziemlich alt werden, bereiten wir uns darauf vor, »gesund zu altern«. Ernährungsverhalten, körperliche Bewegung, Stressabbau werden zu Megathemen (was auch dem Gesundheitswesen mittelfristig zugute kommt).

Aus der Sicht *dieses* Diskurses ist eine ältere Gesellschaft die Basis für eine Kultur der *Selbst-Bewusstheit*, der Vorsorge und des pro-aktiven Gesundheitsverhaltens. Alterung ist die Bedingung einer entwickelten Individualität. Denn nur wer in längeren Horizonten sein Leben sehen und womöglich planen kann, hat die Wahl. Womit wir bei dem eigentlich zentralen und fundamentalen Mega-Megatrend sind, der heute unsere soziale und gesellschaftliche Welt verändert:

Megatrend Individualisierung

Es war einmal eine Zeit, in der man wusste, was sich gehört. Es gab so etwas wie einen Orientierungskodex, ein How-to-do der Sitten und Gebräuche, der Lebenskontinuitäten. John und Karin saßen beim Tee beieinander und kümmerten sich relativ wenig darum, wie sie sich von anderen unterschieden. Dieses Titelbild aus *Psychology Today* aus den Wirtschaftswunderzeiten bringt es auf den Punkt.

How to live wisely: John und Karin beim Tee

In unserer Zeit des »Alles ist möglich« hingegen wird es immer wichtiger, eigene Akzente zu setzen, einen eigenen Stil zu leben, manchmal gerade weil dies so schwer bis unmöglich ist. Individualität ist allerdings hierzulande mit einer antimodernen Assoziationskette umgeben, die man zunächst beiseite räumen muss, um an den Kern des Begriffs zu gelangen:

- Werteverfall
- Asozialität
- Einsamkeit
- Haltloser Hedonismus
- Narzissmus und ruppiger Egoismus

Egoistische »Individualisierer« sind in diesem Diskurs selbstredend immer die anderen, während man selbst selbstlos und verantwortlich agiert, seiner Frau treu ist und brav seine Steuern zahlt (dass es eine besonders perfide Strategie des Egoisten ist, sich als Altruist auszugeben, kommt einem natürlich nicht in den Sinn).

Individualisierung bedeutet jedoch etwas ganz anders bzw. das genaue Gegenteil:

- Individualisierung meint eine *Kultur der Revision*: lebensgeschichtliche Entscheidungen wie die Wahl des Wohnortes werden revidierbar. Kontrakte, die für unsere Mütter, Väter, Großväter etc. lebenslang bindend waren – Ehevertrag, Berufswahl – sind nun kündigungsfähig.
- Individualisierung bedeutet die Entwicklung immer *vielfältigerer Lebenswelten, Rollenmodelle und biographischer Muster.* Es entstehen Multi-Optionen, Patchwork-Identitäten, Lebensbrüche und Biographie-Puzzles, die die kulturellen Normen nachhaltig erodieren. Die Wahl zwischen den vielfältigen Optionen muss nicht immer angenehm sein, sie führt im Gegenteil oft zu einem Dilemma für den Einzelnen.
- Individualisierung bedeutet *Verhandelbarkeit und Verhandlungszwang.* In der Individualkultur sind menschliche Beziehungen weniger in Funktionen, Hierarchien und Rollenmustern definiert. Also muss man Beziehungskontrakte – beruflich wie privat – ständig neu ausverhandeln und neu definieren, damit sie Bestand haben können.
- Individualisierung bedeutet *Steuerung unterschiedlicher Lebensgeschwindigkeiten.* Untersuchungen des Henley Center for Forecasting identifizierte ein neues Phänomen namens »gearshifting«

(Gangwechseln). Dank flexibler Arbeit und multipler Einkommensquellen können Menschen »ihr Leben in verschiedenen Zeit- und Geschwindigkeitszonen gestalten, Gas geben oder bremsen, die Gänge wechseln, wenn sie wollen«. Beispiel: Leben auf dem Land und Leben in der Stadt, Leben in der nomadischen Gesellschaft und im Ruheraum einer Familie.

- Individualisierung bedeutet in einer pluralen Gesellschaft die *Ergänzung oder Ablösung von gesetzten und verordneten Bindungen durch eigenbestimmte Netzwerke.* In der jungen Generation ist dieser Prozess nahezu abgeschlossen – das Netzwerk der Gleichaltrigen hat die Familienbindung ersetzt bzw. »komplett ergänzt«, das heißt: Man hat wieder ein entspanntes Verhältnis zu den Eltern, weil sie im Vergleich zur Clique und zum Freundeskreis nicht mehr dominant sind.

Natürlich ist es wahr, dass Individualität ein »Luxusprodukt« ist. Sie basiert auf dem breiten ökonomischen Reichtum einer Gesellschaft. Aber Individualität als Sehnsucht ist eine fundamentale Kraft. Wer aus der Satellitenperspektive die Welt des alltäglichen Lebens in unserer Gegenwart betrachtet, spürt, wie stark diese Kraft ist – weltweit! Wann immer es geht, versuchen Menschen, ihren Unabhängigkeitsgrad zu erhöhen, sich als eigenständig zu entdecken und zu konstruieren. Wann immer es geht, bringen sie den Mut auf, *ein Stück weit zu sich selbst zu kommen.* Auch wenn dies mit erheblichen Risiken und Sicherheitsverlusten verbunden ist.

Sicher ist auch ein Teil der kulturpessimistischen Einwände wahr: Individualisierung bedeutet zunächst ein Mehr an Eigen-Orientierung, ja, auch Eigen-Liebe und Eigen-Verliebtheit. Dies kann bis hin zu narzisstischer Verrücktheit führen (mehr als 50 Prozent aller Erstnutzer benutzen Suchmaschinen im Internet nur, *um ihren eigenen Namen einzugeben!*). Aber Individualisierung ist nicht nur »Aufrüstung am Ich«, sondern auch und vor allem *Arbeit am Kontext*. Wirkliche Individualisierungsprozesse sind in ihrem Kern soziale Prozesse. Damit Individualität gelingt, benötigen wir neue soziale, kognitive, mentale Fähigkeiten, in denen wir uns rückkoppeln und, auf Basis einer erhöhten Selbst-Kompetenz, neu »verbinden«. (Im letzten Teil wird davon unter dem Stichwort »Networking« und »Scheitern lernen« die Rede sein.)

Megatrend »New Work«

Wie werden wir in Zukunft arbeiten? Diese oft gestellte Frage hat sich inzwischen in endlosen, meist auf Englisch verfassten »new-work-concepts« niedergeschlagen. Darin wimmelt es von fahrbaren Rollcontainern, Cyberspace-Liegen, autonomen Workboxes und ultraflexiblen Umstöpsel-Konzepten. Selbstredend gibt es dabei keinen festen Arbeitsplatz mehr; die Fotos der Lieben daheim kann man allenfalls noch auf dem Laptop-Bildschirm ansehen.

Inzwischen wissen wir mehr darüber, was menschenmöglich und sinnvoll für die Kreativität und Produktivität von Menschen ist. Der Anteil von Telework etwa, der elektronisch-mobilen Arbeit, wächst zwar weiterhin massiv. Aber Telework heißt eben nicht, dass der Mitarbeiter der Zukunft von nun an sein Arbeitsleben zu Hause als virtuelle Monade oder im permanenten Transit verbringt. Im Gegenteil: *Je mehr ortsungebundene Arbeit, desto wichtiger wird der soziale Kontakt, die physische Begegnung mit dem Team.*

- New Work bedeutet, dass immer größere Areale wiederholender, gleichförmiger Produktionsarbeit – also industrieller Arbeit – von kreativer, erfinderischer oder menschendienender (Dienstleistungen) Arbeit abgelöst werden. Die Komplexität aller Tätigkeit steigt: *Aus Muskelkraft wird Hirnkraft, aus Fabrikarbeit Service, aus Verkaufen wird Kommunikation.*

- Jene Tätigkeiten, welche das Industriezeitalter prägten, werden von Robotern oder – eine Zeit lang – von Billiglohn-Arbeitern in anderen Regionen des Planeten übernommen. Parallel entsteht eine neue Klasse oder Schicht von »basic workers«, die Billigdienstleistungen »hinter den Kulissen« vollbringen.

- In der globalen Konkurrenz verkürzen sich Produktzyklen rapide. Fabriken werden nur noch für fünf statt für 50 Jahre gebaut. Strategische Investments, die früher über Jahrzehnte liefen, entscheiden sich heute in Monaten. Die heutigen Merger- und Outsourcing-Wellen sind nur Symptome eines *permanenten Prozesses der kreativen Zerstörung,* in der der institutionelle Charakter der Arbeit (»sichere Arbeitsplätze«) generell verloren geht.

- Damit tendiert die Organisation der Arbeit von langfristigen Bindungen – den Arbeitsplätzen der industriellen Ära – *zu project work.* Arbeitskontrakte werden prinzipiell kurzfristiger. Neue Qualifikationen wie Teamfähigkeit, emotionale Intelligenz und Flexibilität ersetzen die alten »linearen« Qualifikationen.

- Im Mittelpunkt der neuen Arbeitswelt steht nun der »Selbstunternehmer«. Dies heißt aber nicht, dass ein Meer halt- und bindungsloser nomadischer Jobber entsteht. Es entsteht vielmehr eine *Gegenkraft:* Eben weil Wissensarbeit »humanzentriert« ist, steigt die Bedeutung und der Wert der Humanressource. Unternehmen haben also nicht nur ein Interesse zu flexibilisieren, sie haben auch das Interesse, Mitarbeiter zu binden – indem sie sie gut behandeln, auf ihre Bedürfnisse eingehen, sie zu Partizipienten des Unternehmens machen …

Wir alle wissen, dass diese Veränderungen eine Vielzahl von Anpassungs- und Veränderungsleistungen erfordern. Die Gegenwart ist in vielerlei Hinsicht von *Abschiedspanik* geprägt. Unser gesamtes kulturell-ökonomisches System, alle Sicherheits- und Transfersysteme, aber auch die psychologischen Selbst-Definitionen der Menschen, sind in 150 Jahren Industriegeschichte auf Basis des soliden, lebenslangen »Arbeitsplatzes« gewachsen. Auch die alltagskulturellen Institutionen wie die (Versorger-)Ehe sind um dieses ökonomische System *herumgebaut worden.* Deshalb liegt im »Megatrend New Work« gleichzeitig die größte Herausforderung an die Phantasie und den Veränderungswillen von Staat, Gesellschaft, Unternehmen und Individuum.

Die Wissensgesellschaft oder Der »Megatrend Bildung«

Hier schließt sich unmittelbar ein weiterer »Megatrend« an, den ich aber nur mit einer gewissen Scheu so benenne: Der »Megatrend Bildung«. Bildung, zumal höhere, komplexere, lebenslange Bildung, ist die Schlüsselressource aller hier geschilderten Entwicklungen. Bildung in einem umfassenden, nicht-funktionalen Sinn: Persönlichkeitsbildung. Lebensbildung. *Emotionale Bildung.*

An dieser Stelle schließt sich der Kreis. Es entsteht eine Art Gesamtbild, ein Panorama. Wie sieht die Gesellschaft der Zukunft aus? Nein, sie wird nicht primär geprägt sein durch Flugmaschinen und autonome Roboter (Technik ist nur einer der Faktoren, und nicht einmal der entscheidendste). Nein, sie wird nicht »ent-solidarisch« sein – warum sollten wir plötzlich unseren alten menschlichen Sinn für den gesellschaftlichen Zusammenhang verlieren?

Einige zwingende Aussagen allerdings können wir machen. Die Gesellschaft der Zukunft wird eine ältere, weiblichere, gebildetere, »fraktalere«, mobilere, »multiplere« Gesellschaft sein. In ihr greifen mehrere Prozesse, wenn es gut geht, als Win-Win-Prozesse ineinander:

- *Die Entwicklung von höherer Autonomie, Selbständigkeit und Flexibilität des Einzelnen.* Dies ist möglich, wenn das komplexe Bildungsniveau in der gesamten Gesellschaft, das eben auch Aspekte wie Emotionalität, Kommunikationsfähigkeit etc. umfasst, weiter steigt. Und es steigt heute, allen Unkenrufen zum Trotz! (Der durchschnittliche Mitteleuropäer kann sich heute besser ausdrücken und besser ausleben als noch vor zwanzig Jahren, und das liegt an einer Vielzahl von medialen, emotionalen, ökonomischen Emanzipationsprozessen.)
- *Die Verlängerung der Lebensspanne schafft die Bedingungen für höhere Individualitätsgrade.* Denn erst durch das verlängerte Leben entwickelt sich für den Einzelnen ein lukratives Bild einer lebenslang lernenden Kultur. (Wenn ich mit hoher Wahrscheinlichkeit achtzig werde und dabei fit bleiben kann, dann lohnt sich das Lernen bis ins hohe Alter!)
- *Der höhere Anteil von gebildeten Frauen verstärkt die Nachfrage nach flexiblen Arbeitsformen.* Dass die tradierten Rollensysteme zusammenbrechen, hat einen unmittelbaren Einfluss auf unsere Arbeitsorganisation. Denn nun werden auf breiter Front, auch von Män-

nern, Arbeitskontrakte gefördert und gefordert, die den Einzelnen und seine »Work-Life-Balance«-Bedürfnisse ernst nehmen. Was wiederum jenen kooperativen Arbeitskulturen zugute kommt, die notwendig sind für eine immer komplexere Wissenserzeugung.

Wie könnten wir das Endprodukt dieser Evolution nennen? Wissensgesellschaft? Sinngesellschaft? Gesellschaft der Selbständigen? Erlebnisgesellschaft?

Namen sind Schall und Rauch. Dass wir in »Epochen« leben, gibt immer erst nachher einen Sinn (»Wisst ihr noch, wie wir damals im Industriezeitalter …!«). Stellen wir das »Epochennaming« deshalb einstweilen hintan …

Doch könnten die hier geschilderten Trends und Megatrends nicht auch in eine ganz andere Richtung verlaufen? Man denke etwa an die islamischen Ländern, wo von »Megatrend Frauen« und »Individualisierung« keine Rede ist! Könnte dieses Modell sich nicht als das Stärkere erweisen?

Es könnte. Aber ist das wahrscheinlich? Manche Kulturen in der Südsee befinden sich immer noch im tribalen Zeitalter, und sie machen kaum Anstalten, sich aus sich selbst heraus zu bewegen. Stellt das die Dominanz des Kulturmodells infrage, das wir (fälschlicherweise) »westlich« nennen? Selbst in den Schwellenländern zeichnen sich heute die ersten Anzeichen für wissensökonomische Prozesse ab (man denke nur an Indiens starke Software-Industrie – in einem Land, das noch weitgehend agrarisch strukturiert ist). Wir finden die Sehnsucht nach »säkularer Individualität« auch in der islamischen Welt, wenn auch unterdrückt. Wenn man genau hinsieht, dann tragen Jugendliche in Teheran heute T-Shirts und Handys und in sich den unbändigen Wunsch, westliche Kulturelemente leben zu können.

Frauen stellen heute längst die Mehrheit auch an den iranischen Universitäten, und das wird Folgen haben. Selbst am Beispiel Afrika kann man sehen, wie global unsere Welt geworden ist. In Japan haben wir heute sehr ähnliche Kultur- und Konsumtrends wie in Europa oder den USA, obwohl die Tradition der japanischen Gesellschaft eine völlig andere ist.

Bedeutet Globalisierung automatisch »Amerikanisierung«?

Mit Sicherheit wird diese Entwicklung nicht immer »amerikanisch« verlaufen. Die USA repräsentieren zwar die universalistischste und dynamischste Kultur auf diesem Planeten (schließlich ist die amerikanische Kultur aus den Einflüssen der verschiedensten Einwandererkulturen zusammengesetzt). Aber man kann auch die Gegentrends beobachten: Bei Autos können wir von einer Welt-Europäisierung sprechen. Japanische Kulturgüter wie Mangas oder Pokémons erobern die Weltmärkte. Afrikanische Musik, Malerei etc. hat auf vielen Wegen Eingang in unsere westliche Kultur gefunden. Und in den funktionierenden afrikanischen Großstädten (z.B. in Accra/Ghana) finden wir heute Internetfirmen, Espressobars etc. Globalisierung funktioniert also zunehmend nicht nur in eine Richtung, und deshalb werden sich im Rahmen der Megatrends eine Vielfalt von verschiedenen Kultur- und Evolutionspfaden herausbilden, die in die Zukunft der Wissensgesellschaft führen. Asiatische, europäische und amerikanische Wege können sich dabei im günstigsten Fall gegenseitig befruchten und anregen.

DER KONSUMENTENTREND-SCHNELLKURS

Wer mit den neuesten Konsumententrends vertraut ist, kann seine Produkte, sein Portfolio oder sein Dienstleistungsspektrum leichter an die sich wandelnden Parameter des Marktes anpassen. Auch für das Marketing lassen sich mit dieser Trendkategorie wichtige Schlüsse ziehen. Bei der Arbeit mit Konsumententrends geht es vor allem um die Frage, wie sich Produkte oder Produkt-Familien *in ihrem Wesen und ihrer Substanz* verändern müssen und können. Eine reine »Vertrendung« der Werbung reicht in den allermeisten Fällen nicht aus (die Behauptung, dass Asbach Uralt jetzt verstärkt von Frauen getrunken wird, führt nicht zu einer Veränderung dieser Marke).

Aus dem bunten und reich bestückten Baukasten der Konsumententrends hier die wichtigsten:

EVE-olution oder »Female Shift«

Faith Popcorn hat in ihrem Buch *EVE-olution* den Abschied von einer männerdominierten Konsumwelt thematisiert – und damit die Auswirkungen des »Megatrend Frauen« auf die Konsumwelt analysiert. Während Männer das Einkaufen eher im Vorübergehen und mit wenig Genuss erledigen, sind Frauen kultivierte Konsumentinnen – nicht nur in den Branchen, in denen man das vermutet, wie Kleidung, Parfüm oder Lebensmittel. Auch der Autokauf und die Wohnungseinrichtung werden immer mehr von Frauen dominiert. Frauen kaufen serviceorientierter, »vernünftiger« und wesentlich kommunikativer ein. Sie bevorzugen »smarte« Technik und Unternehmen ohne ethischen Makel.

Im Konsum der Zukunft spielen also die »Sensibilitäten«, die Frauen in den Konsum einbringen, eine weitaus größere Rolle. Duft, Sinnlichkeit, Verpackung, Service werden für *alle* Produkte marktentscheidend (selbst bei Schraubenverpackungen, denn längst sind nicht mehr Männer die einzigen Heim-Bastler!). Auch die Moralaspekte gewinnen weiter an Bedeutung – Frauen sind immer auch »soziale« Konsumentinnen. Und viele Märkte werden von Frauen-Bedürfnissen geradezu umgekrempelt. Man denke etwa an die Autobranche, in der die neue Kauf-Macht der Frauen Produkte wie den Van oder das kleine Stadtauto erzwang (die Auto-Techniker hätten am liebsten bis an ihr Lebensende 200-PS-Limousinen gebaut!).

Kidfluence – Der Einfluss der Kids auf das Konsumverhalten

Kinder zwischen fünf und 16 prägen zunehmend das Konsumverhalten. Nicht nur, weil sie als Pionier-Konsumenten neue Produkte präferieren und über immer mehr Taschengeld verfügen, sondern auch, weil ihre Vorlieben auf die Erwachsenen abfärben: Immer mehr Kinder-Produkte werden von Erwachsenen benutzt und geraten dabei in einen anderen Kontext. Videospiele zum Beispiel werden heute zu 40 Prozent von Erwachsenen gespielt. Spielzeug-Roboter – vom Haustier-Roboter bis zum »künstlichen Baby« – haben eine Faszination für Erwachsene und für Kinder. Und die »Girlie-Mode« zeigt, wie Kindermode plötzlich von erwachsenen Frauen getragen wird.

Der Hintergrund, der »Anker« dieses Trends ist paradoxerweise

nicht zuletzt die »graue Revolution«. Durch die Verschiebung der
Lebensphasen werden die kulturellen Zuordnungen, die an bestimmte Lebensalter geknüpft waren, brüchig. Mit 16 kann man heute ganz
schön altklug sein, und mit 60 (post-)pubertär. Menschen mit 40
wollen sich um keinen Preis der Welt erwachsen und »gesetzt« fühlen
und neigen deshalb zum »Down-Aging« – wir machen uns um Jahrzehnte jünger, als wir sind.

»Authentic« oder »Market of the Real«

In der ortlosen Welt der modernen Massenprodukte verlieren wir die
Orientierung – und das Vertrauen. Bei vielen Produkten haben wir
keine Ahnung mehr, woher sie kommen, woraus sie bestehen. Die
Suche nach Echtheit, Ursprünglichkeit, Authentizität ist somit ein
echter Retro-Trend gegen Globalisierung und »Virtualisierung« unserer Warenwelt, er bezieht seine Stärke aber auch aus dem Alterungs-
trend: »Reifekonsumenten« werden die nächste Runde der Marktent-
wicklung dominieren. Und für diese Konsumenten sind die
»Kulturgeschichten«, die Produkte erzählen, wichtiger als der Fun-
Aspekt.

Besonders deutlich wurde der Authentic-Trend im Nahrungsmit-
telsektor: Skandale wie der Rinderwahnsinn forcieren das Bedürfnis
nach Produkten mit »echter, garantierter Herkunft«. So erleben etwa
Bauernhöfe mit Direktverkauf europaweit seit einigen Jahren eine
Renaissance. Der »Bio«-Trend ist nichts anderes als die geldwerte
Sehnsucht nach einer »Produktgeschichte«: Kälber mit Namen,
Gemüse mit Geschichte, Eier mit Charisma. Aber der Trend geht weit
über den Lebensmittelsektor hinaus. Er richtet sich generell gegen das

Massenprodukt. Die größten Zuwächse in den Märkten der letzten Jahre hatten handwerkliche Unikate: Uhren, Autos, Kleidungsstücke mit abenteuerlichen Preisen. Produkte, deren handwerkliche Herkunft deutlich ist, die Name, Adresse und Absender haben, erzielen in den Zukunftsmärkten erhöhte Aufmerksamkeit. Im Möbelbereich sind die »Patina-Trends« nach wie vor tonangebend, und im teuren Bereich rekonstruiert sich ein Markt für handwerklich gefertigte Einzelstücke. Selbst im Auto-Bereich blüht das Comeback der Handfertigung: In der »gläsernen Manufaktur« erleben wir die Herstellung und Geburt unseres ganz persönlichen Autos.

Der Can-do-Trend: Wir tun es selbst

Im Zeitalter der Individualität misstrauen wir Fachleuten und Experten und nehmen unsere Geschäfte selbst in die Hand, verwalten eigenständig unsere Aktienportfolios, kümmern uns eigenständig um unsere Altersvorsorge und machen uns in Gesundheitsangelegenheiten kundig. In vielen Produkten zeigt sich dieser Trend zum Selbstmachen, der mit einer Abkehr von alten Autoritäten und Institutionen Hand in Hand geht. Immer mehr medizinische Produkte etwa werden unabhängig von ärztlicher Autorisierung benutzt: Selbstmedikation boomt. Und in Selbsttests zu Hause messen Millionen ihre Blutwerte. Do-it-yourself-Bücher in allen Bereichen haben Hochkonjunktur. Selbsthilfegruppen und Mediationsverfahren, in denen Bürger ihre Konflikte unabhängig von Gerichten regeln, gehören ebenfalls zu diesem Trend.

Inszenierungskonsum

Konsumgesellschaften, in denen alle Grundbedürfnisse befriedigt sind, müssen Waren, Welten und Inszenierungen bieten, die sonst Kunst und Kultur vorbehalten waren. Beispiele: Die Shops des italienischen Sportartikelherstellers »Giacomelli« verfügen über Skating-Rampen, Boxringe und verschiedene Laufstrecken. Das amerikanische Unternehmen »Galyan's Trading Company« bietet seinen Kunden ganze Baseball- und Hockeyfelder. Ganze Industriestandorte verwandeln sich in Erlebnis-Markenparks: Opel Live und die VW-Autostadt (www.autostadt.de) wurden bereits realisiert, der Erlebnispark am Frankfurter Flughafen, mit Themen rund ums Fliegen, soll 2004 an der Südostseite des Flughafens in der Nähe des geplanten neuen Terminals eröffnet werden.

Die Grenzen zwischen Realität und Spiel verwischen immer mehr: Myst Island, eine begehbare Version des Computerspiels »Myst«, soll auf dem Disney-Gelände nahe Orlando entstehen, und die Real-World-Version des Spiels »Ultima Online« wird derzeit am Colorado River gebaut.

Oder das weite Feld der Event-Gastronomie: In Amsterdam wurde mit dem »Supperclub« der wachsenden Faszination Tribut gezollt, die von der Film- und Modebranche ausgeht. Eigens für dieses Restaurant wird Musik komponiert, die perfekt auf Film-Projektionen abgestimmt wird. Models präsentieren dazu die passende Mode (www.supperclub.nl). Auch Dekadenz und schwülstiger Luxus versprechen ein sinnhaftes Gastro-Erlebnis: beispielsweise das Schweizer Erlebnisrestaurant und Nightlife-Establissement »Adagio« nach einem Konzept des Freddy Burger Managements. Hier wird eine mittelalterliche Sakralwelt simuliert, samt kultivierter Überladenheit, Plüsch und Popmusik, der man in Luzern, Zürich und Berlin beiwohnen kann (www.adagio-nightlife.ch).

Minority Marketing – Die neuen Zielgruppen

Individualisierungstrends führen zu einer kontinuierlichen Erosion der Massenmärkte. Im Patchwork der Minderheiten entwickeln sich dabei neue, attraktive Zielmärkte. Schwule gehören heute zur kaufkräftigsten Schicht überhaupt, längst haben sie die Stil- und Modemärkte beeinflusst. Raver und Skater haben ihre eigene Konsumwelt. Sogar Behinderte werden im modernen Marketing als eigenständige stolze Konsumentengruppe entdeckt. Und zunehmend verändert auch Immigration die Konsummärkte: Schon heute sind Türken der zweiten und dritten Generation im deutschsprachigen Raum die Bevölkerungsgruppe mit der höchsten »upward mobility« – als Selbständige kommen sie innerhalb weniger Jahre zu Wohlstand und Ansehen. In der nächsten Immigrationswelle werden auch »high performers« aus Indien, Fernost und Osteuropa zu uns kommen und ihre eigenen Lebens- und Konsumgewohnheiten ausprägen. Alle diese Minderheiten werden Handels- und Dienstleistungsnetzwerke entwickeln und spezielle Konsumnachfragen erzeugen: Jede Menge rasch wachsender Marktnischen bilden sich, und damit geht die Ära des Mainstream- und Massen-Marketings zu Ende.

Mass Customizing oder Die Neuen Ich-Produkte

Neue Fertigungstechniken machen es möglich: maßgeschneiderte Produkte zum Preis eines Massenprodukts. Der Computerhersteller »Dell« hat vorgemacht, dass dies auch in eher »industriellen« Branchen wie dem Computermarkt funktionieren kann. Damit wird dem »Megatrend Individualität« Rechnung getragen, ohne dass individualisierte Produkte nur auf den Luxussektor beschränkt blieben. Allerdings eignen sich nicht alle Produktgattungen für das »Maßschneidern«. Kleidung, Autos, in Zukunft auch Gebrauchselektronik werden sich individualisieren lassen. Bei anderen Gattungen sucht der Käufer eher das Gemeinsame, was er mit anderen Kunden teilt. Dass sich individualisierte Zeitungen durchsetzen, ist eher unwahrscheinlich. Viele Branchen sind in sich selbst bereits so differenziert, dass eine weitere Individualisierung keinen Sinn machen würde (etwa Wein, Schokolade).

Kann man Consumer-Trends messen?

Man kann natürlich Absatzzahlen von Pionierprodukten in den Märkten messen. Aber die Frage ist: Wie sinnvoll ist das? Wer Trendforschung im Konsumbereich einsetzt, sollte sich nicht für das bereits Vorhandene und damit Messbare interessieren, sondern für die *Potenziale*, die in der Zukunft entstehen. Wenn wir klassische Marktforschungsmethoden anwenden, rutscht die Sache wieder schnell in die Ebene der Negativ-Bestätigungen ab: »Aha, die Umsätze sind noch klein, vergessen wir's ...«. Sinnvoll angewandt ist Konsum-Trendforschung im strategischen Marketing, in der Innovationsabteilung und

im »Prototyping«. Wenn wir sie auf die Logik der Prozentzahlen reduzieren, enden wir wieder bei einer reinen Verkaufsproblematik, und
die wird besser von Werbeagenturen bewältigt.

**Sind Trends wie »Wellness« oder »Cocooning« nicht längst überreife
Hypes, von denen man die Finger lassen sollte?**

Jein. Man sollte vorsichtig mit geschmeidigen und wohltönenden
Begriffen sein. Aber oft entfalten sie ihre Kraft auch dann noch, wenn
keiner sie mehr hören mag. »Wellness« etwa ist zwar einerseits längst
zu einem billigen Marketing-Etikett geworden. Auf der anderen Seite
steckt hinter dem Siegeszug dieses Begriffs die ganze Schubkraft der
Megatrends: Wellness wird »gefüttert« von der Alterung, von der
Individualisierung, von der Feminisierung und nicht zuletzt von einer
neuen Arbeitswelt, in der wir uns gestresster denn je fühlen. Wenn
man so will: Ein »Consumer-Megatrend«. Man sollte sich deshalb
nicht so sehr an den Begriffen aufhängen, sondern nach der Substanz
fragen. Vielleicht entwickeln sich die besten Geschäftschancen im
Wellness-Themenfeld erst dann, wenn die Aufgeregtheit sich gelegt
hat!

VERSTEHEN SIE DIE DIALEKTIK ZWISCHEN TREND UND RETRO-TREND

Im gesamten Universum geht keine Bewegung ohne das Spiel Kraft – Gegenkraft vor sich. Und kein Markt entsteht ohne ein *Defizit*, einen Mangel, den man vermarkten kann. Diese Gesetze haben in der Trendwelt überragende Bedeutung. Relevant ist dies zunächst einmal für das *Timing* von Markt- und Marketingprozessen. Die Geschichte der modernen Kultur, aber auch der Märkte, verläuft in Schwingungen, die logisch aufeinander folgen. Es ist wichtig, dass wir diese Rhythmen kennen, um nicht »gegen den Trend« zu arbeiten.

- Es gibt Zeiten, die in ihrem inneren Duktus eher utopisch – nach vorne – ausgerichtet sind, die das Neue und Sensationelle, den Bruch und die Überwindung des Alten suchen und beschleunigen – man denke an die frühen 60er Jahre oder die nun hinter uns liegende Computer-Euphorie.
- Es gibt Zeiten, die ängstlich, rückwärtsgewandt und introvertiert sind, in denen eher Trends wie Cocooning dominieren. Diese Episoden sind geprägt von Skeptizismus und heftigen Rückwärtsgriffen in der Kulturgeschichte, von düsteren und protesthaften Kulturformen (Beispiel Punk) und struktureller Konsumverweigerung.
- Es gibt Phasen, Epochen oder Markt-Situationen, in denen sich aus *konträren* Impulsen etwas Drittes, Neues zusammensetzt.

»Kulturisierung« versus »Bad Taste«

In den letzten zwanzig Jahren wurde alles, was uns über den Weg lief, »stilisiert«: Design, Kleidung, Möbel, Essen, Sex – kein menschlicher Bereich wurde von der Verfeinerung des Stils und des Geschmacks verschont (mit dem die neuen Bildungseliten gleichzeitig ihren Herrschaftsanspruch markierten). Oben auf der sozialen Leiter saß nun nicht mehr der mit dem vielen Geld, sondern diejenigen, die *wussten, wie man einen falschen von einem unechten Cappuccino unterscheiden kann.* Oder welches japanische Zen-Restaurant gerade angesagt war. Die »Bobos«, die »bürgerlichen Bohemians«, übernahmen die Macht.

Alle Geschichte ist jedoch, wie schon Marx wusste, eine Geschichte von Klassenkämpfen. Mitte der 90er entwickelte sich eine proletarische Gegenoffensive. Es dauerte sechs Jahre, bis es schließlich regelrecht »hip« wurde, einen abgrundtief schlechten Proll-Geschmack zu demonstrieren: von den Blödel-Witzen à la »Kleines Arschloch« über die Lallnummern der »Big-Brother«-Communities bis zu den grenzwertigen Lachnummern wie Helge Schneider, Zlatko oder Ötzi. Selbst in Werbespots für »Ikea« und »VW« finden wir heute Elemente des kultigen schlechten Geschmacks. Selbst in der Wolle intellektuell gefärbte Medienkünstler wie Harald Schmidt spielen mit den Motiven des »Bad Taste«, mit Blondinen- und Polenwitzen, mit Schlampenkult und der heimlichen Bewunderung für Verona Feldbusch und ihrem Ex-Ehemann.

Beschleunigung versus »Slow-Trend«

Wir alle messen unsere Begehrtheit im Stressfaktor. Und damit entstehen neue Begehrlichkeiten. In der sozialen Leiter ganz oben steht heute nicht mehr der Besitzer eines munter klingelnden Handys (wie noch vor fünf Jahren), sondern *der Unerreichbare* – der sich der universellen Erreichbarkeit des Informationszeitalters entziehen kann. Die – vermeintliche – Beschleunigung unseres Alltags hat einen Gegenimpuls gestärkt, den wir nicht nur in den Bereichen Food und Wellness deutlich orten können: Die Verlangsamung des Lebens wird zu einer Mega-Sehnsucht. Hütten in den Bergen, auf unerschlossenen griechischen Inseln oder in den Hochmooren Schottlands werden von unruhigen Städtern zu Hochpreisen gekauft. In Italien deklarieren sich heute ganze Städte als »Slow Cities«. Sportarten wie Bungee-Jumping oder Formel 1 sind, kaum dass sie »in« sind, schon wieder »out«. Statt in die »halfpipe« zieht es uns in die Berge – zum Wandern.

Nomadik versus Cocooning

Wir sind unterwegs. Wir verbringen unsere Lebenszeit bald nur noch im Transit – auf Bahnhöfen, Flughäfen oder im Stau. Wir entwickeln derzeit eine neo-nomadische Gesellschaft, die mehr und mehr der tribalen Welt unserer Vor-Vorfahren ähnelt. Steigende Mobilitätszwänge sind aber auch eine entscheidende (Retro-)Triebkraft für das, was Faith Popcorn »Cocooning« getauft hat. Dieser Trendbegriff macht nur Sinn, wenn wir ihn als Widerstand zur permanenten Bewegung, als Sehnsucht nach Ankerung und Einkapselung begreifen. Heimat,

Familie, Gebundenheit etc. sind Themen von morgen. Je mehr sie in Gefahr geraten, desto höher wird ihr Stellenwert.

An diesen Beispielen wird klar: Oft sind es gerade die Gegentrends, die stärkere und nachhaltigere, vor allem aber lukrativere Impulse geben. Statt nur in eine Richtung zu rennen, meistens in die der »opportunistischen« Trends (schneller, jünger, schriller), lohnt es sich also, mindestens zweimal nachzudenken.

NÜTZLICHE ZUKUNFTSFORMEL

Relevanter Trend = Trend + Gegentrend = Synthese-Trend

Aus Lokalisierung und Globalisierung wird Glokalisierung

Weder werden wir eine globale Einheitsweltkultur erleben, in der in allen Winkeln der Erde ein »mcdonaldisiertes« Warendiktat herrscht. Noch liegt die Zukunft in der Wiederkehr nationaler Separatismen, autonomer Bio-Landwirtschaft in der Kleinregion oder Strickwaren aus Tante Lises Flachswollstube.

In der Wissensgesellschaft gewinnt sowohl die größte als auch die kleinste Einheit an Einfluss und an Bedeutung. Menschen sehen sich heute mehr denn je sowohl als Bewohner ihrer Region als auch als »global citizen«. Sie sprechen englisch *und* Dialekt. Globale Marken wie »Coca-Cola«, »Opel« (»General Motors«) oder »WalMart« haben schmerzlich erfahren, dass in allen Ländern der Erde unterschiedliche Geschmäcker und Bedürfnisse herrschen. Diese Global Players arbei-

ten nun an »glokalen« Strategien, in denen die Stärken der Global-
marken mit den Eigenarten des Regionalen, Lokalen zum Einklang
gebracht werden können. Vegetarische Burger in Indien, Bioburger in
Schwaben – warum nicht?

Einen ähnlichen Prozess können wir in der »globalen Regionalent-
wicklung« diagnostisieren: Regionen machen das Rennen auf dem
Weg in die globale Gesellschaft. In landschaftlich schönen Gebieten
entwickeln sich High-Tech-Magneten, in denen es sich arbeiten und
leben lässt. Die alten Gesetze, nach denen die Großstädte und industriellen Ballungsgebiete das Kapital und die Menschen anziehen, werden außer Kraft gesetzt. Kenichi Ohmae schreibt:

»Länder werden nicht mehr notwendigerweise florieren, weil sie
große Landmassen und reiche Bodenschätze besitzen. Kapital und
Information überschreiten Staatsgrenzen. Die Schlüsselindustrien
jedes x-beliebigen Landes sind essentiell grenzenlos. Daraus erfolgt
ein strategisches Novum: das Entstehen regionaler Wirtschaftsräume
und ein Trend zur Formierung von Regionenbündeln für den Markt
des 21. Jahrhunderts.«[5]

Aus Utopie versus »Retro« wird die »Retromoderne«

Bisweilen kann man sich nicht des Eindrucks erwehren, dass es
schnurstracks rückwärts geht. In immer kürzeren Abständen werden
uns die 60er, 70er und 80er Jahre als kulturelles Recycling-Gebilde ins
Wohnzimmer gekippt – in Form von Fernsehshows, Möbeln, Tape-
tenstoffen und selbst *Lebenshaltungen*. Das ist dadurch zu erklären,
dass wir uns alle heftig nach dem ersten Blues unserer Pubertät und
den Spielsachen unserer Kindheit sehnen (und die TV-Sender unend-

lich viel Sendeplatz zu füllen haben!). Aber es ist auch Teil des *Fusion-Trends*: *Aus Altem und Neuem kündigt sich etwas Drittes an.*

Der neue Beetle ist eben nicht der alte Käfer. Und das Lounge-Möbel im Nussbaumfurnier ist eben nicht das Möbel, das unsere Eltern in den *Golden Fifties* unter der Tütenlampe stehen hatten. Zitieren heißt nicht kopieren. Technologie verändert die Formen, und die Formen »erlösen« sich in moderneren Anmutungen. Ganze Jugendkultur-Strömungen sind so entstanden – Techno war nichts anderes als eine Fusion aus Hippie-Love-Feeling und Computer-Lebensstil. Und selbst Rock 'n' Roll, brandneu zu seiner Zeit, war nichts als eine Fusion: aus uraltem schwarzen Rhythm and Blues plus Verstärkerlärm, angetrieben und in Brand gesetzt durch die globale jugendliche Aufmüpfigkeit.

Aus Flexibilisierung plus Sicherheitsbedürfnis wird »Flexicurity«

Die Rhythmen und Geschwindigkeiten des Familienlebens stimmen nicht mit den High-Speed-Bedürfnissen der Wirtschaftswelt überein. Doch die Menschen haben Sicherheitsbedürfnisse und wollen beides: Selbstverwirklichungsoptionen, die Chance aufzubrechen, zu wechseln, zu Entscheiden, *und* eine Grundsicherheit, die dem Leben einen Halt gibt. Gesellschaften wie Skandinavien, die Schweiz oder Holland haben uns vorgemacht, wie man beide Vektoren verschmelzen kann – mit Hilfe eines klugen, sich ergänzenden Systems staatlicher Grundsicherung, unternehmerischer Verantwortung und individueller Annahme von Eigenverantwortung. Vom »Einbeinprinzip«, bei dem der Einzelne seine gesamten Sicherungsbedürfnisse auf staatliche Systeme verlagert, können wir wieder auf »Mehrsäulensysteme« umsteigen. Dies benötigt ein anderes Menschenbild, eine vorerst *mentale* Arbeit, aber man kann diesen Prozess politisch fördern, stützen und moderieren – und ökonomisch absichern.

Niemand hat das so klar formuliert wie Joseph Joffe in der *Zeit*:[6]

»Es gibt keinen Gegensatz zwischen einer effektiven Volkswirtschaft und einer sozial gerechten Gesellschaft. Ein gut funktionierender Sozialstaat – und nur der! – ist keine romantische Marotte, sondern ein Gebot der Fairness und zugleich ein positiver Standortfaktor. Wer die Wettbewerbsfähigkeit einer Gesellschaft vernachlässigt, vergeht sich an ihrer Fähigkeit zum sozialen Ausgleich.«

Ist das links oder rechts? »Neoliberal«? Es ist im besten Sinne »synergisches« Denken (eigentlich sollte es »synthetisches« heißen, von »Synthese«; interessant, dass dies in der deutschen Sprache mit »Künstlichkeit« verbunden ist). Es nimmt die Komplexität der Wirklichkeit an und gibt ihr eine Richtung: Zukunft.

NÜTZLICHE ZUKUNFTSFORMEL

Zukunftsdenken = synergisches Denken

DENKEN SIE UM DIE TREND-ECKEN ...

Legen Sie nun Ihr Produkt – oder Ihr Problem – in die Mitte einer gedachten »Einflusssphäre der Trends«. Identifizieren Sie diejenigen Kräfte, die am stärksten auf Ihr Vorhaben oder Ihr Problem einwirken. Analysieren Sie, wie *tief* ihr Produkt, Ihr Unternehmen mit den einzelnen Trendströmungen verwoben ist.

Megatrends, so viel ist gewiss, haben immer einen Einfluss. Kaum ein Produkt, kaum ein Handelskanal, keine Dienstleistung, die nicht früher oder später betroffen ist. Sie haben ein Kongresshotel für Business-Kongresse? Bei Ihnen verkehren fast nur Männer? Wetten, dass der »Megatrend Frauen« Sie dennoch demnächst dazu zwingt, Kindergärtnerinnen für »day care« einzustellen? Sie produzieren Autos? Wetten, dass morgen die Entscheidungsgewalt über den Autokauf noch ein wenig mehr in Frauenhand ist?

- Konsumententrends können für die verschiedenen Branchen, Produkte und Markenwelten sehr unterschiedliche Konsequenzen haben. Ihr »Evolutionsdruck« ist manchmal stark, manchmal kaum wahrnehmbar. Konsumententrends kann und soll man kreativ selektieren. Suchen Sie sich dabei aber nicht unbedingt die Konsumententrends aus, die Sie sowieso schon bedienen (wenn Sie ein Frauen-Produkt herstellen, ist »female shift« nicht unbedingt produktiv). Nehmen Sie solche, bei denen es wehtut. Die unangenehm wirken! Bei denen Sie nicht die geringste Ahnung haben, was sie mit Ihrer Branche zu tun haben! Und nun denken Sie nicht geradeaus, linear, sondern *um die Ecke*. Suchen Sie den *Gegenwind*.

Wenn Sie zum Beispiel ein Blumengeschäft haben, können Sie sich mit Konsumtrends wie »Cocooning« und »Clanning«, mit »Rückkehr der Rituale« und anderen für Ihre Branche angenehmen Sehnsüchten leicht die Zeit vertreiben. Sie werden aber niemals auf wirklich neue Ideen kommen. Wenn Sie aber den »Can-do-Trend« anschauen, die scheinbar völlig unwesentliche (und für das Blumengeschäft eher kontraproduktive) Lust der Kunden auf »Selbermachen«, könnte es sein, dass Sie eine Geschäftsidee entwickeln, die die ganze Branche verändern wird.

- Sie könnten darüber ins Grübeln kommen, dass Blumenläden als pure Dekorationsgeschäfte gestaltet sind. Und dass das Personal sich als Blumenkünstler sieht, als Maestros üppiger und fertig dekorierter Sträuße, die ein Ahh und Ohh hervorrufen …
- … dass aber das Verhältnis der Menschen zur Natur, zum »gardening«, sich derzeit schnell verändert. Und ebenso die Geschenkkultur: »fertige« Dinge schenken ist inzwischen ein Problem. Stattdessen suchen wir alle nach authentischen, unikathaften, natürlichen Symbolen (»Market-of-the-Real-Trend«).
- Sie könnten darauf kommen, dass den Kunden das Anstehen beim Blumenbinden zunehmend auf den Geist geht … in vielerlei Hinsicht.
- Sie werden – wenn Sie konsequent mit den Trends weiterarbeiten – vielleicht eine völlig neue Generation von Blumenläden begründen …
  (Mehr verrate ich nicht. Es ist eine reale Fallstudie …)

Wie sagte neulich ein Kunde auf einem unserer Trend-Seminare? »Nun bin ich noch mehr verwirrt, aber auf höherem Niveau! Hervorragend! Ein guter Anfang!«

Future Business oder Wie Sie Trend- und Zukunftswissen in Markterfolge umsetzen können

VERMEIDEN SIE TREND-OPPORTUNISMUS

Die klassische Frage an den Trendforscher lautet: »Sagen Sie uns, womit wir in der nächsten Saison garantiert massenhaft Geld verdienen werden!«

Hier kommt die Antwort: »Sex und Gesundheit!«

Alles, womit Sie Geld verdienen werden, hat mit Sex und Gesundheit zu tun. Einfach alles! Denn das ist in Wahrheit alles, was Menschen interessiert. Dieser Trend ist 3,5 Milliarden Jahre alt, so alt wie die biologische Evolution, und diesen Trend können Sie nicht schlagen!

Die zehn häufigsten Suchbegriffe im Internet lauten: Sex/Download/Free/Bilder/Porno/Nackt/Software/Erotik/Hotel/kostenlos.

NÜTZLICHE ZUKUNFTSFORMEL

Garantie-Zukunftserfolgsmärkte = Sex x Gesundheit

In dieser Banalität erweisen sich auch schnell die Grenzen des ganzen Ansatzes. »Garantiert Geld verdienen« ist nämlich heute – und vor allem in Zukunft – eine nicht mehr so einfache Angelegenheit. Die Suche nach dem »big trend«, der dafür verantwortlich ist, dass wir problemlos reich werden, mag legitim sein. Aber abgesehen davon, dass »Sex und Gesundheit« ein so weites Feld ist, dass man noch keineswegs weiß, wie man es beackern soll, ist diese Herangehensweise mit einer Gefahr verbunden, die ich »Trend-Opportunismus« nennen möchte. Davon existieren zwei Varianten:

1. Wir kaufen uns Trends, die uns in den Kram passen

In der Internet-Euphoriephase kauften alle Firmen, die Server, Router, Software, Browser, Glasfaserkabel, Computer, E-Commerce, IT-Dienstleistungen, UMTS-Entwicklungen anboten, teure Studien von *Booster and Hamilton, Nils Anderson Consulting* oder *McKlingsor*. Für lockere 500 000 Dollar errechneten diese Firmen exakt den Internet-Bedarf der Menschheit im Jahre 2005. Und siehe da: Die Internet-Beteiligung in der Bevölkerung brach nach oben durch die Decke! Nach den beeindruckenden Charts, die im Anhang dieser Studien zu finden waren, wären wir heute alle von morgens um sechs bis nachts um vier im Internet unterwegs, E-Commerce hätte den kommerziellen Handel um 150 Prozent geschlagen und Frau Meier von nebenan würde ihre Urlaubsfotos per Handy an die Enkel schicken, Transmissionskosten pro Stück zwei Euro, man gönnt sich ja sonst nichts!

Eine solche Trendkorruptionsmethode kann eine Weile durchaus erfolgreich funktionieren – auf dem Wege einer sich selbst erfüllenden Prophezeiung. Es ist – leider! – kein Problem, Katzenklos aus Toscana-Porzellan oder Wellness-Räucherstäbchen für Schwangere als »im Trend« zu verkaufen. Eine schweizerische Zeitung hat einmal um den 1. April herum den Tree-Climbing-Trend ausgerufen: *Immer mehr Menschen sitzen tagelang auf Bäumen und genießen Höhe und Aussicht!* 150 Journalistenkollegen riefen an und wollten dringend auch eine Story drüber machen! Gerhard Polt hat einmal *Airsnapping* als Megatrend im Bereich moderner Wellness ausgerufen – vor die Tür gehen und tief Luft holen – unglaublich gut für alles!

Neulich las ich in einem Werbeprospekt eines Ostseebads, das sich mit Kaltwassertreten einen Namen gemacht hat, vom »Megatrend Kneippness«. Ach, Trendsprache!

Und schon sind wir bei Variante zwei des Trend-Opportunismus:

2. Wir stürzen uns hemmungslos auf das, was alle machen (was »in« ist)!

Ein wunderbares Beispiel ist der mixende Arnold Schwarzenegger. In einem TV-Werbespot für den Energieanbieter »E.ON« schüttelte das Muskelpaket drei Monate im Jahr 2001 erst einen Mixer, dann einen Toaster und schließlich einen Kühlschrank. *Mix it, Baby* – eine Werbung für das Selbstmischen von Strom! (»Mischen Sie aus Wasser- Wind- und Atom- Ihre eigene Energie!«)

Man kann sich das Brainstorming-Team, das sich im Auftrag von »E.ON« diesen größten Flop der Werbegeschichte ausdenken durfte, leibhaftig vorstellen. *Wir müssen Strom endlich zum Erlebnisprodukt machen! Schwarzenegger bringt eine neue Dimension in Ihr Geschäft – er ist jung, ein Sympathieträger bei den Kids! Das ist der Individualisierungstrend, Strom als Ich-Produkt, genial!* (Die Kampagne wird als die effektivste Geldvernichtung in die Geschichte eingehen. 1000 Kunden meldeten sich für das Strom-Mixen an, 22 Millionen Euro kostete die Kampagne, das sind 200 500 Euro pro Stromkunde, dem man jetzt 1290 Jahre lang Strom im Durchschnittswert von 44 Euro pro Monat liefern müsste, um die Kosten wieder einzubringen ...).

Als im Jahr 1999 der Microscooter, der Kinderroller in Aluminium-Reinkarnation, plötzlich über Nacht einen Kaufrausch auslöste, führte dies innerhalb von wenigen Wochen zu einer geradezu bizarren Trend-Opportunismus-Welle, in deren Verlauf nicht nur Sportgeschäfte und Kaufhäuser, sondern auch Kaffeegeschäfte, Blumenshops und Fastfood-Ketten, Baumschulen, Handyläden und Werbeagenturen von Scootern überschwemmt wurden. Roller gab es explosionsartig nun als Abogeschenk, umsonst zu Autokäufen, als Teaser zum Sonderpreis für die Interessenten von Kaffeemaschinen.

Der »Scooter-Hype« zerstörte am Ende die Welle selbst. Nur mit den ersten 20 000 Stück konnte man gutes Geld verdienen. Bei der zweiten Welle zahlten die Händler wegen der plötzlichen Verknappung überhöhte Einkaufspreise, die sie aber angesichts der sich rasend schnell entwickelnden Konkurrenzsituation nicht an den Markt durchreichen konnten. Die Roller der dritten Welle mussten bereits unter dem Einkaufspreis verkauft werden. Und mit der vierten Welle blieb man dann flächendeckend auf der Ware sitzen. (Das ist insbesondere deswegen schade, weil der Scooter ein aus trendanalytischer Sicht interessantes Produkt ist. Es »surft« auf gleich mehreren klassischen Consumer-Trends: dem »Multi-Mobilitätstrend« etwa oder dem »Kidfluence« – dem Einfluss der Kids auf das Verhalten der Erwachsenen.)

Fazit: Wenn man Erkenntnisse der Trendforschung rein opportunistisch einsetzt, erzeugt man einen Schweinezyklus, den wir auch von der Börse kennen oder aus der Landwirtschaft: Wenn die Preise hoch sind, steigen alle Bauern in die Schweinezucht ein, wodurch die Preise spätestens in der nächsten Saison abstürzen. Das Resultat: Niemand verdient, die Preise verfallen, die Konsumenten sind frustriert. Ein Rattenrennen ohne Sieger.

NÜTZLICHE ZUKUNFTSFORMEL

Garantierter Zukunftsflop = Trend-Opportunismus + falsches Timing

---

In den überkomplexen Zukunftsmärkten kann es also nicht mehr darum gehen, möglichst dorthin zu rennen, wohin alle rennen. Denn dort wird garantiert der Preis der entscheidende Marktfaktor sein. Sinnvolle Arbeit mit Trends erfordert zunächst eine grundlegend andere strategische Denkweise. Es geht um *die bewusste Erzeugung des Unterschieds.*

- Denken Sie antizyklisch. Viele der interessanten Marktlücken sind eher bei den *Gegentrends* zu finden als bei den Haupttrends. Wenn sich in einem bestimmten Segment oder einer Produktgattung *Überdruss* abzeichnet, ist es Zeit, auf das zurückschwingende Pendel zu setzen.
- Suchen Sie die Substanz hinter den Schlagworten. Natürlich kann man als Hoteldirektor seiner abgenutzten Sauna im Keller den Titel *Wellness-Hamam* verleihen; vielleicht wird man damit auch in der nächsten Herbstsaison noch drei Übernachtungen mehr verkaufen. Aber echtes erfolgreiches Zukunftsbusiness kann man nur entwickeln, wenn man einen Trend *in seiner tieferen Bedeutung* versteht. Dann nämlich kann man ihn richtig positionieren und »orchestrieren« und in seinem Zuge zum *Markt-Leader* werden. Wer sich intensiv mit dem Wellness-Trend und seiner inneren Konsistenz auseinander setzt, kann irgendwann das perfekte Wellness-Hotel errichten und damit die Konkurrenz auf einen Schlag deklassieren.

Trendgestützte Innovation kennt prinzipiell zwei richtige *timings*:

- Entweder sehr frühzeitig, wenn die Trendbewegung noch jung-fräulich ist – die Pionier-Methode.

- Oder aber: Man nehme einen Trend, der bereits im Reifestadium ist. Man zerlege ihn in Untertrends, erkenne seine Feinheiten, seine Dimensionen. Und betreibe *dann* seine perfekte Umsetzung in Produkt- und Marktwelten – ohne Kompromisse, hartnäckig, in einem langfristigen permanenten Verbesserungsprozess.[1]

Viele große Unternehmen haben besonders mit der zweiten Metho-de eine Menge Erfolg gehabt. Und dies gilt erstaunlicherweise auch in Sachen Technologie, wo sich keineswegs, wie immer behauptet, der »first mover« alle Marktanteile sichert. »Gilette« brauchte viele Jahre, um aus dem harten Geschäft mit der Rasur einen weltweiten Tech-nologievorteil zu machen – einen Markt für Nassrasierer gab es schon lange vorher, aber noch nie ein so ausgeklügeltes und patent-resisten-tes System, wie es »Gilette« in den letzten zehn Jahren entwickelt hat. »Procter and Gamble« beobachtete lange den Windel-Markt, bevor es sich ins globale Fertigwindel-Geschäft stürzte und einen Prozess der »permanenten Windelverbesserung« initiierte. Selbst die Pionierfirma »Apple« erfand nicht den Homecomputer, wie viele denken (das gelang der Firma »MITS« mit dem »Altair«, 1975). Und der anhal-tende Erfolg einer Megamarke wie »Nivea« verdankt sich der Kombi-nation einer alten Traditionsmarke mit genauen Kenntnissen zu aktuellen lebensweltlichen Trends.

VERGESSEN SIE TECHNOLOGIE (VORÜBERGEHEND)

Vor gar nicht langer Zeit war ich als Referent auf einer Kundenbindungsveranstaltung einer namhaften Software-Firma eingeladen. Der Ort: ein vornehmes Hotel in Berlin, in dem die Kellner mit weißen Samthandschuhen Mahagoni-Vitrinen aus kolonialer Zeit polierten und völlig geräuschlos die Champagnerflaschen öffneten.

Das namhafte Softwareunternehmen hatte nur zwölf mächtige Top-Kunden eingeladen, IT-Entscheider aus Großunternehmen, Leute, die über neunstellige Computer-Etats zu beschließen haben. Das Menü war fantastisch: irgendetwas wie Kamtschatka-Kaninchen an gedünstetem argentinischen Pampasgras. Danach wurde zu Diskussion und Vortrag gebeten. Thema: »Die Zukunft der IT im Großunternehmen«.

Ich habe noch nie eine derart aggressive Veranstaltung erlebt. Es war unglaublich. Ein regelrechtes Vorwurfsstakkato hagelte auf die sympathischen PR-Leute der namhaften Softwareschmiede hernieder. Die mussten sich unter den Anwürfen ihrer Top-Kunden geradezu unter den teuren »Lagerfeld«-Fauteuils verkriechen:

• Sie haben doch seit zehn Jahren nur hohle Versprechungen geliefert, was die Funktionalität Ihrer Software betrifft, und kein einziges gehalten!
• Wir ersaufen inzwischen in IT-Kosten, und die Standardisierung, von der immer die Rede ist, ist keinen Millimeter vorangekommen! Das Zeug stürzt immer häufiger ab, wird immer komplizierter, und

manchmal würden wir den ganzen Krempel am liebsten zum Fenster rausschmeißen!

• Wir haben den Kunden vorgemacht, wir könnten ihnen wer weiß was für Services bieten. Das haben die Kunden dankbar angenommen. Jetzt erwarten sie diesen Service umsonst, und uns laufen die Kosten davon. Die Beschwerden nehmen galaktisch zu ... und jetzt wollen Sie schon wieder einen gigantischen und absurden Systemwechsel von uns bezahlt bekommen!!!

NÜTZLICHE ZUKUNFTSFORMEL

Das High-Tech-Zeitalter ist vorbei (gilt bis übermorgen)!

Ich höre schon den Einspruch von links hinten: »Aber es fängt doch erst an! Das ist doch nur eine vorübergehende Flaute. Die Internetnutzung steigt doch immer noch!«

Ich insistiere: Das Informationszeitalter ist vorbei! Nicht, dass IT keine Rolle spielt. Aber egal, wie dick der Server ist, den Sie sich in den Keller stellen, wie aufwendig Ihre Kundendienstanbindung via PDAs und W-LANs auch sein mag:

Dies wird ihr Geschäftsproblem nicht lösen!

Computer sind wichtige Tools der modernen Wirtschaftswelt – und des Alltagslebens. Sie sind in unserer Lebensrealität angekommen. Aber egal wie schnell der Rechner ist, auf dem Sie gerade mühsam jene 1345 Mails zu beantworten versuchen, die sich in Ihrem einwöchigen Urlaub angesammelt haben:

Dies wird Ihre Marktposition nicht verbessern, die Produktivität nicht erhöhen und die Marge eher senken!

Grund sind die Adaptionsprobleme, die jeder technologische Wandel unweigerlich mit sich bringt. Jene Folgeprobleme, die sich immer erst in der zweiten und dritten Phase eines Technologieschubs offenbaren (man denke an das Auto, das auch erst in den 50ern zu einem massiven Umweltproblem wurde). Nicht weil die IT-Revolution gescheitert wäre, sondern weil sie gesiegt hat, entwickeln sich jetzt neue Paradoxien im Universum der Produktivität:

- *Das Informations-Wissens-Paradox:* Computernetzwerke stellen uns an jedem beliebigen Ort heute jede beliebige Information zur Verfügung. Unendlich viel Information! Dies führt jedoch zu einer immer schneller galoppierenden Entwertung von Information – und ihrem radikal abnehmenden Grenznutzen. *Je mehr Daten ein Unternehmen generiert, desto mehr teure Wissensanalytiker muss es einstellen, um diese zu sortieren und zu selektieren und zu interpretieren!*

ERLEUCHTENDES ZUKUNFTSZITAT

Das Problem mit der Geschwindigkeit und Intensität der Information ist, dass sie die Kreativität unterminiert. Kreativität ist etwas, das nebenbei geschieht: Wenn man unter der Dusche steht, hat das Hirn Zeit, jene neuen und überraschenden Beziehungen herzustellen, die wirklich das Neue bringen. Die Technologien zwingen uns ständig zu Reaktionen, und wir alle sind in einem unaufhörlichen Kreislauf von »Content«, der unserem Hirn keine wirklichen Stimulationen mehr gibt, sondern es immer im Kreis herumfahren lässt.

David Brooks[2]

- *Das Komplexitätsparadox:* Computer sollten primär dazu dienen, bei Routinearbeiten Zeit zu sparen. Aber Computer sind komplexe Maschinen, und diese Komplexität explodiert regelrecht, je schneller die Technologie voranschreitet. Das Moor'sche Gesetz, nach dem sich innerhalb von 18 Monaten die Speicherkapazitäten verdoppeln, ist deshalb keine frohe Botschaft, sondern eine Drohung. Damit sinkt die Produktivität bei hohem IT-Einsatz, statt zu steigen.

- »Getting information has never been my problem, the hard part is deciding what it means.«[3]

- *Das Erreichbarkeitsparadox:* Moderne Kommunikationsmittel wie Fax, Handy und E-Mail haben Geschäftsabläufe beschleunigt und Netzwerk-Lebensstile befördert. Gleichzeitig aber haben sich die Hierarchien unserer Business-Welt *ins Technologische geflüchtet* – und führen dort ein verwirrendes Eigenleben. Wir verbringen immer mehr Zeit mit sinnlosen Kontaktversuchen. Der Anrufbeantworter schaltet auf Voicemail, gibt ans Handy weiter, aber das Handy ist nie an. Wer es geschafft hat, lässt mailen, surfen und telefonieren – und klinkt sich aus dem elektronischen Netzwerk wieder aus. *Höchste Erreichbarkeit bedeutet in Wirklichkeit Nie-Erreichbarkeit der wichtigen Leute!*

- *Das Kundenzufriedenheitsparadox:* 90 Prozent der Firmen sind nicht auf den Internet-Zug gesprungen, weil sie damit ihr Produkt oder ihre Dienstleistung verbessern wollten, sondern weil sie glaubten, dass man durch Technologie Menschen und Kosten sparen kann. Man wollte die Kunden schlichtweg in den virtuellen Raum abdrängen – an die Bankautomaten, an den Bildschirm zu Hause, an Terminals, wo sie kein Problem mehr für den Außendienst darstellen. Und man argumentierte mit der Möglichkeit zu schnellerer, leichterer und effektiverer Kommunikation und Handhabung. Das Problem: *Die Kunden haben es gemerkt und reagieren störrisch bis sauer auf IT-Angebote!*

ERLEUCHTENDES GEGENWARTSZITAT

Andreas besitzt ein Notebook, das je nach Tagesverfassung dröhnt und summt wie ein Hubschrauber. So wandte er sich an das Elektrogeschäft in Leonding, wo er das Gerät herhat. Vom Tonband »Willkommen im Freien Markt« wurde eine Verbindung mit der zentralen Infostelle hergestellt. Von dort ging es zur Computerabteilung. Die war allerdings nur für geräuschlose Laptops zuständig und gab zur Serviceabteilung weiter. Dort empfahl man Andreas, sich an Compaq zu wenden, die hätten einen eigenen Service. Vom Care Center über das Free Center gelangte er zur Servicetechnik und erfuhr, dass Compaq seine Notebooks nicht selbst reparierte. Aber es gab einen Partner in Innsbruck, welcher dem Anrufer die Zweigstelle in Ansfelden ans Herz legte, die leider »außerhalb der Geschäftszeit« war. Als sie wieder innerhalb war, empfahl man Andreas einen Anruf beim Repaircenter in Salzburg. Dort meldete sich das Direct Center Wien. In der Technik-Abteilung des Repaircenters gab man Andreas einen guten Rat: Er solle einfach dort anrufen, wo er sein Gerät gekauft hat.[4]

Sind Sie wirklich der Meinung, dass das alles eine vorübergehende Schwächeperiode ist, dass wir spätestens nächstes Halbjahr wieder zu den strammen Wachstumsraten der IT-Branche zurückkehren werden? Träumen Sie weiter!

NÜTZLICHE ZUKUNFTSFORMEL

Alle spannenden Märkte der Zukunft sind Lebensqualität-Märkte

Technologie ist wichtig, aber die wirklich wichtigen Wirtschaftsthemen der nächsten Jahre finden an ganz anderen Fronten statt. Es ist die lebendige Kommunikation der Menschen, es sind die »psychosozialen Potenziale« (Leo A. Nefiodow), die unsere Zukunft prägen. Glauben wir wirklich, dass wir unser Gesundheitswesen allein mit mehr Technologie vor dem Kollaps retten oder gar qualitativ *verbessern* können? Die zentralen Fragen sind an das *Humanpotenzial* gerichtet: Wie erhöhe ich die Eigenkompetenz der Menschen in Bezug auf ihren Körper, ihre Arbeit, ihr Suchtverhalten, ihre Alltagsgewohnheiten? Wie bringe ich Menschen dazu, ihr lebendiges Wissen zu teilen? Wie beteilige ich Patienten an ihrer Heilung, am Gesundheitsmanagement? Wie schaffe ich neue, intelligente Systeme, in denen mein Außendienst, durch Technologie verstärkt und »empowert«, sich persönlicher um die Kunden kümmern kann?

Vergessen wir also getrost eine Technik-Ära, die so »high« war, dass wir gar nicht mehr an die dazugehörige Technologie drankamen. Nutzen wir die Technologien, wo sie im Sinne des Kunden und des Unternehmens tatsächlich Ergebnisse bringen. Und zwar Ergebnisse, die nicht nur die Bilanzen aufbessern, sondern auch Produkte besser, Menschen zufriedener und Kunden begeisterter machen!

VERSTEHEN SIE DIE WELT DES ÜBERDRUSS-KONSUMENTEN

Es wird Zeit, dass ich mich bei Ihnen als Kunde, als Konsument vorstelle. Natürlich bin ich nicht wirklich repräsentativ. Aber ich behaupte, in vielerlei Hinsicht typisch zu sein, wie wir alle typisch sind für eine neue Phase des Konsums am Ende der klassischen Konsumgesellschaft.

Zunächst einmal: Ich liebe es, Geld auszugeben! Konsum ist mein Lebensstil!

Gott bewahre – ich würde das natürlich nie so sagen! Ich bin ja kein schnöder »Konsument«, der sich durch Werbung oder irgendetwas beeinflussen lässt ... Ich kaufe nur, was ich *wirklich dringend* brauche!

In unserer Familie gibt es sechs Fernseher. Irgendwann waren sie einfach da. Zwei in unserer Ferienwohnung, vier zu Hause. Einer im Wohnzimmer, zwei bei den Kids, einer im Gästezimmer. Die Schwiegermutter hat sich immer so gelangweilt, wenn sie zu Besuch war. Und dann war da plötzlich wieder ein Zeitschriftenabonnement und ein kleines nettes »Sony TV« mit nur *66 Euro Zuzahlung!*

Apropos: Wo ist die Gebrauchanweisung für den »Sony«? Egal, die versteht sowieso niemand. Und warum ist diese Fernbedienung schon wieder kaputt? Sie ist gar nicht kaputt. Die Batterien sind leer. Hat jemand AA-345-K-Batterien gesehen?

Ich interessiere mich lebhaft für die schönen, neuen Dinge, die die Welt des modernen Konsums mir anzubieten hat. Allerdings werde ich in letzter Zeit etwas vergesslich. *Ich vergesse, mir zu merken, was ich alles noch dringend brauchen wollte!*

In unserem Keller befinden sich ganze Welten an Freizeit und Vergangenheit – im Warte-Zwischenzustand. Ein kompletter Tischtennistisch mit Profischlägern. Dreihundertsiebenundzwanzig Wechselbilderrahmen. Ein »Siemens«-Wäschetrockner, der irgendwann mal durchgebrannt ist, aber zu teuer war, um ihn einfach entsorgen zu können. Eine Tiefkühltruhe, in der ständig gefährliche Ablaufzeiten ticken (und die bei Stromausfall jault wie ein getretener Hund). Boccia. Kricketschläger. Carving-Skier der letzten Generation. Stempelkästen für die Kinder. Schwimmflügel. Ein komplettes Fotolabor meiner Frau. Dazu unendliche Welten von Geschenken: Gartenzwerge als Gießkannen, Teakholz-Salatbestecke, Designer-Nudelteigmaschinen …

Manchmal träume ich, all diese Dinge kommen nachts die Treppe hochgeschlichen, stellen sich in meiner Tür auf und murmeln immer wieder: *Wir wollen Aufmerksamkeit!*

ERLEUCHTENDES ZUKUNFTSZITAT

Wir wollen immer mehr weniger …

Faith Popcorn

- *Dinge »fressen« Aufmerksamkeit.* Sie fordern unsere Kompetenz, unsere Expertise, unsere Auswahl. Sie locken mit Gebrauchsanweisungen: *Seht, wir funktionierten, wenn Ihr wüsstet, wie das geht!*

- *Dinge verursachen Beziehungsunglück.* Männer schieben Wartung, Pflege und Nutzung der alltäglichen Dinge, das Sich-Kümmern, oft selbst das Spaß-dran-Haben, gerne auf die Frauen ab. Sie erwarten von den Frauen Dankbarkeit (»Oh, wie schön, Schatz, schon wieder eine vollautomatische Brotschneidemaschine mit Sensor-Automatik.«) Genau diese häusliche Ökonomie zerbricht jedoch durch den »Megatrend Frauen«, durch die neue Mobilität der Menschen, durch die »sensuelle Kultur«, in der Menschen wieder verstärkt auf Sinnsuche gehen.

- *Dinge verlangsamen das Leben.* Kennen Sie das bei Ihrem Computer? Wenn zu viele Unterprogramme und so genannte Subroutinen laufen, wird der Rechner immer langsamer. Er quält sich durch die binären Codes, und irgendwann bleibt der Mauszeiger einfach stehen. Ähnlich geht es uns mit der Überfülle im Konsum: Wir werden einfach träge, und schließlich bleiben wir stehen, sitzen oder liegen, ohne uns von der Stelle zu rühren …

Ich sollte noch AA-345-K-Batterien kaufen gehen. Im Supermarkt gab's die leider nicht. Und dann habe ich hier in der Hosentasche noch 25 alte Batterien, die ich in einer speziellen Batteriesammelstelle abgeben sollte. Wo war die doch gleich? Vielleicht kann mir mein Navigationssystem im Auto dabei helfen? Aber ich verstehe leider mein Navigationssystem nicht …

Ich kann mich noch genau daran erinnern, wie das Waschbecken im Bad meiner Eltern aussah, als ich ein Jugendlicher war. Rechts ein grünes Noppenkissen mit der immer entweder knochentrockenen oder aber glibberigen Seife. Links zwei Plastikbecher mit Zahnbürsten, die meistens aussahen wie nach einem wochenlangen Fußbodeneinsatz. Und eine ordentliche, solide, scharfe Zahncreme! Eine!

Heute haben wir drei Zahnbürsten für jedes Familienmitglied, und wir wechseln brav nach Zahnarztrat alle zwei Monate. Meine Zahnbürste ist eine Wissenschaft für sich, mit quer gestellten Bürstenspoilern (oder so ähnlich; Zahnbürsten haben ihr Brutto-Marktvolumen in den letzten zwanzig Jahren um den Faktor 300 erhöht). Inzwischen haben schon die Kinder drei verschiedene Zahncremes. Der Jüngere mag zwei davon nicht, der Ältere zwei andere nicht, in unserem Ferienhaus ist immer die falsche, deshalb putzen die Kinder dort nicht die Zähne, deshalb haben wir immer ein Spezialmundwasser im Handschuhfach. Das ist neulich ausgelaufen und hat das Auto olfaktorisch in eine homöopathische Zahnarztpraxis verwandelt ...

In der Kosmetikabteilung unseres Bades haben sich inzwischen schönheitssalonverdächtige Warenangebote angesammelt. Und daran ist nicht nur meine Frau schuld. Ich selbst habe inzwischen fünf verschiedene Gesichtscremes, mit fünf verschiedenen Ablaufzeiten, drei Gesichtspeelings und noch einige andere Aperçus, deren Wirkweise ich nicht ganz verstehe. Meine Frau hat allein zwölf (!) verschiedene Sorten Tampons und Binden. Inzwischen auch schwarze und stromlinienförmig speziell geschnittene mit irrwitzigen Technologien drin, die ich nicht einmal aussprechen kann. Wir haben acht verschiedene Waschmittel im Haus, in winzigen Packungen, aus denen es herausrieselt, oder Fläschchen mit komischen Kugeln ... Spezialwaschmittel für Hanf, für Spitzenunterwäsche und für Schwarzes!

Ja, ich konsumiere gern – *wenn ich dazu komme!*

Wir sind auf dem Weg von der Überfluss- in die Überdrussgesellschaft. Aus dem Hedonismus, der Betonung des Lebensgenusses, wird die große Genuss-Unlust, die »Un-Hedonie«. Das Problem ist weniger ein moralisches als ein qualitatives: *Wir können all das, was wir uns für teures Geld an Land ziehen, gar nicht mehr genießen!*

Hat jemand den Stift für meinen Organizer gesehen? Ich hatte drei nachbestellt, aber wo sind die nur? Ich habe sie im Internet bestellt, aber nach dreißig Minuten Formularausfüllen sagte der Bildschirm: »Wir konnten leider Ihren Auftrag nicht bearbeiten, weil Fehler 6754 aufgetreten ist.«

NÜTZLICHE ZUKUNFTSFORMELN

Megathema der Zukunft = Desinvestment
Konsument der Zukunft = Lean Consumer + High Demander
Lustgewinn der Zukunft = Konzentration auf das Wesentliche

Längst hat sich in der Mitte unserer Gesellschaft, tief im alltäglichen Verhalten verwurzelt, eine tief greifende, hartnäckige, substanzielle Konsum-Unlust entwickelt. Und diese Unlust erodiert den schönsten Businessplan, höhlt Expansionspläne aus, beschädigt selbst die interessanteste Innovationsidee und ist längst unabhängig von konjunkturellen Schwankungen. Im Übergang von der Überfluss- zur Überdrussgesellschaft zerfallen die alten Massenmärkte. Und die am schnellsten wachsende Zielgruppe der Zukunft rekrutiert sich aus den so genannten »Shredders«. John Quelch, ein Managementtheoretiker in Harvard, hat diesen Begriff in die Welt gesetzt.

ERLEUCHTENDES ZUKUNFTSZITAT

Dieser neue Konsumententypus, der sich schon seit Jahren abzeichnet, wird angeführt von gut betuchten Leuten mittleren Alters, die, umzingelt von all dem Zeug, das sie sich über Jahre angeschafft haben, zu dem Schluss kommen, sie müssten ihr Leben vereinfachen. Ich nenne sie »shredders«, weil sie darauf aus sind, Dinge, die sie für überflüssig oder lästig halten, loszuwerden oder »abzustreifen«.

John Quelch[5]

Weniger ist mehr. Das Einfache genügt. Überall ist Flohmarkt, und der Mega-Megamarkt der Zukunft heisst E-Bay – hier recyclen wir die Quadrillionen Ramschposten, hier machen wir selbst das Teakholz-Set aus dem Keller noch zu Bargeld ...

Eine Shredder-Bibel – *Simplify your life* von dem Pfarrer und »Downshifter« Werner Tiki Küstenmacher und Lothar Seiwert – stand monatelang auf Platz eins der deutschen Bestsellerliste. Es ist nur eine Frage der Zeit, bis sich diese Mode zu einer handfesten Massenbewegung verdichtet.

Und wieder wird es hilflos heißen: »Der Einzelhandel berichtet über konjunkturabhängige Absatzeinbrüche«.

Die Mantras des Desinvestitionskonsumenten:

1. Danke nein, wir haben schon alles.
2. Für *den* Preis lieber nicht.

3. Ich glaub's sowieso nicht.

4. Wäre schon schön. Aber wer soll sich darum kümmern?

Aber dies – so wird häufig eingewandt – betrifft doch nur eine winzig kleine Schicht!

Einspruch: Es ist längst ein gesellschaftlicher Zustand. In einer nomadischen Kultur besitzen Menschen durchschnittlich 20 bis 30 Gegenstände, die sie nutzen, bis sie nicht mehr funktionieren. In einem bäuerlichen Haushalt sammeln sich im Laufe eines erfüllten Lebens vielleicht 1000 Dinge an, von der Uhr auf dem alten Schrank bis zum Melkschemel. In einem durchschnittlichen Mittelstand-Haushalt westlicher Prägung – also bei 60 bis 70 Prozent der Bevölkerung, konservativ geschätzt – existieren heute im Schnitt um die 10 000 Gegenstände. Im oberen Mittelstand, immerhin die kaufkräftigste Schicht und Konsum-Lokomotive, wächst das Universum der Dinge leicht auf 25 000 Gegenstände an. Immer mehr von diesen Gegenständen sind »intelligent«, das heißt sie verfügen über technische Funktionen, die einen Lern- und Wartungszwang ausüben. Gleichzeitig sind immer weniger Frauen klassische Hausfrauen, die sich um »das alles« kümmern können.

Die Folge für den Konsum ist ein Aufmerksamkeitskollaps.

Der paradoxe Konsument: Pro-Sument und No-Sument!

Lassen Sie uns den Gedanken durchspielen: Die jüngsten Krisen des Einzelhandels, das Euro-Teuro-Phänomen, der Rückgang der Werbung in allen Bereichen – all das wäre nicht einfach nur eine Konjunkturdelle, sondern Bugwelle eines fundamentalen Paradigmenwechsels, in dem wir uns endgültig von der alten Welt des »Haben-Konsums« verabschieden.

Dabei spaltet sich »der Konsument« (schon der Begriff ist falsch) in seiner Mitte auf wie Rumpelstilzchen. Zwei Seelen wohnen, ach, in seiner Brust, und diese Seelen führen ein munteres Eigenleben:

- *Der Pro-Sument:* Bei 20, maximal 30 Prozent der Gegenstände, mit denen er sich umgibt, wird er Experte, Liebhaber, Fan, Connaisseur. Hier kennt er sich aus, hier hat er die Kontrolle, hier investiert er die kostbarste Ressource, die er hat: *Aufmerksamkeit.* Hier entsteht ein kompetenter, durch die neuen Wissenstools wie das Internet »empowerter« Konsument, der sein Selbstbewusstsein gegenüber den Anbietern stark erhöht hat. Ein älterer, weiblicher, »reiferer« Konsument. Er tritt den Herstellern nicht mehr als Empfänger (Kon-Sument), sondern auf gleicher Augenhöhe gegenüber. Er fordert seine Rechte und die Befriedigung seiner Bedürfnisse ein und präferiert individuelle, auf seine Person zugeschnittene Produkte. Er ist durchaus bereit, den Preis zu bezahlen, aber er möchte dafür auch außergewöhnliche Zuneigung (»Service« und Callcenter sind ihm alles andere als genug).

- *Der No-Sument:* Der skeptische oder aggressive Verweigerer, der sich gegenüber den Anbietern gelangweilt bis wurstig verhält. Er hält sein Geld zusammen, vergleicht konsequent die Preise und reflektiert zunehmend seine eigenen Konsumbedürfnisse mit kritischen Augen. Er vergisst regelmäßig alle Marken-Claims, lässt die Werbebeilagen unbeachtet fallen. In seinem Blick sackt alles ab in den Low-interest-Bereich. Keine Marketing-Offensive, kein Direktmarketing-Hackentrick kann aus diesem Hades des Konsums befreien. Das erreicht nur eine konsequente Umpositionierung – ein Parforceritt auf den *Konsumtrends der zweiten Stufe.*

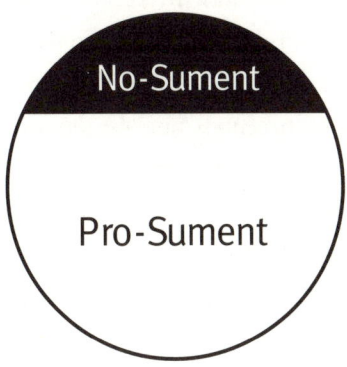

Pro-Sument und No-Sument

Für alle Konsummärkte gelten unter diesen Voraussetzungen völlig neue Spielregeln. Vorbei die Zeiten, in denen man mit ein bisschen Fleiß und Engagement den siebenundzwanzigsten Möbelshop in einer Großstadt eröffnen konnte. Vorbei ist es mit einer Konsumlandschaft, in der man ab und zu ein knackiges NEU auf sein Produkt schrieb und schon der Absatz wieder stieg. Entweder man hat ein kultfähiges, emotional aufgeladenes Produkt (oder eine Marke), das in seiner Art einmalig und profiliert ist. Oder man wird aus den Regalen, der Handelslandschaft, dem Marktumfeld demnächst verschwinden.

Für das Marketing bedeutet diese neue Situation den endgültigen Abschied von der Massenwerbung. Das Preisgeschrei der Discounter übertönt jede subtile Werbebotschaft. Im Bombardement der Werbebotschaften muss die Reizdosis ständig erhöht werden, um dem so genannten »Endverbraucher« noch irgendeine Reaktion zu entlocken. Die Folge ist eine galoppierende »Debilisierung« der Werbung. Billiger Sex und schrilles Geschrei, Trash-Exzesse (»Ich bin doch nicht blöd«) und eine Attitüde wie im Billigbordell führen zu einem weiteren Niedergang des Images der Werbung (technisch wird der Abschied des Konsumenten aus der Massenwerbung durch neue Technologien wie etwa den werbeblocküberspringenden Videorecorder unterstützt).

Werbung wird sich also von ihrer alten, in den blühenden Konsummärkten der letzten 30 Jahre geformten Logik verabschieden müssen. Sie wird einerseits mehr und mehr zur authentischen Kommunikation mit einem Kunden, der sich längst mit allen Wassern der Kompetenz gewaschen hat und nicht mehr auf »Werbung« reagiert. Sie wird diskret, unaufgeregt, »kulturisiert«. Sie wird andererseits, im Zusammenhang mit der immer weiter verfeinerten Logistik der Discounter, zu einer bloßen funktionalen Abverkaufshilfe. Wohin nur mit den vielen schwarz gekleideten, mit »Ray-Ban«-Sonnenbrillen ausgestatteten *Artdirectores* aus jener aufregenden Ära, als Werbung noch als »kreativer Meisterakt« galt?

NÜTZLICHE ZUKUNFTSFORMEL:

Konsument der Zukunft: 20 Prozent Pro-Sument,
                        80 Prozent No-Sument

Alter Konsument	Neuer Konsument
markentreu	markenwurstig
verlässliches Kaufverhalten	sprunghaftes und polarisiertes Kaufverhalten
rationales Kaufverhalten	eklektizistisches Kaufverhalten
zielgruppentreu	individualistisch
Friendly Shopper	Smart Shopper
produktorientiert	nutzenorientiert
neu-gierig	genervt
geldknapp	zeitknapp
Sammler	Shredder
Kon-Sument	Pro-Sument

VERLASSEN SIE DIE TÖDLICHE MITTE!

Seit vielen Jahren polarisieren sich die Konsummärkte. Während die Mitte sowohl auf Händler- wie auf Herstellerseite deutlich ausdünnt, wachsen die Peripherien – Discount- und Luxussektoren – überproportional. In den letzten Jahren ist dieses Phänomen von den Food-Bereichen auf viele andere Märkte wie zum Beispiel den Flugverkehr übergesprungen, wo wir jetzt ebenfalls einen Edel- und einen Discount-Sektor bekommen (Billig-Carrier gegen neue Business-Linien). Sogar jene Konsumsektoren, in denen bislang ein breiter, »solider Markt« existierte, zerlegen sich in diese beiden Sektoren. Im Bäckereiwesen etwa tritt jetzt die Discount-Kette »Backwerk« mit nahezu personalfreien Filialen auf den Markt, während in manchen anderen Bäckereien die preisliche und inhaltliche Aufrüstung des

Brötchens unglaubliche Ausmaße annimmt (probiotisches Makro-
brötchen mit echtem Olivenölextrakt für drei Euro!).

Die »Konsumpyramide« entwickelt sich also in Form einer Spindel. In den Luxusstatus und Exklusivmärkten, im Reich von »Por-
sche«, »Rolex« und »Gucci«, von »Boffi« und »Bulthaup«, »Bang und
Olufsen« lässt sich eine Menge Geld verdienen, auch und gerade in
der Krise. In der Krise von 2002 wuchs aber auch der Umsatz von
»Aldi« und »Hofer« und vielen anderen Discountern um mehr als
zehn Prozent!

Alles, was dazwischen ist, nicht Fisch, nicht Fleisch, nicht edel und
nicht wirklich billig, wird zerrieben, zermahlen, klein gemacht. *Die
tote Mitte.*

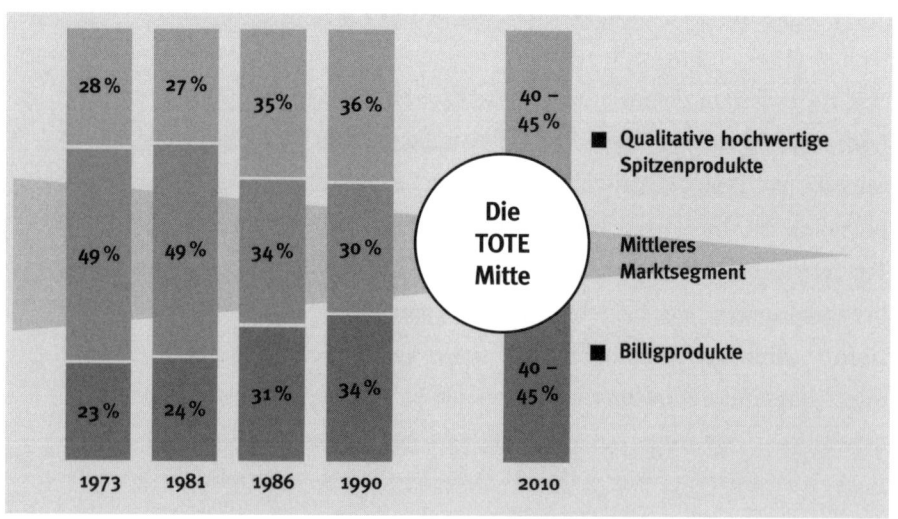

Das Verschwinden der Mitte

Die beiden Pfeile in Richtung Preis und Luxus können wir nun mit einer zusätzlichen Achse erweitern, um eine brauchbare Landkarte für den *Konsum der Zukunft* zu erhalten:

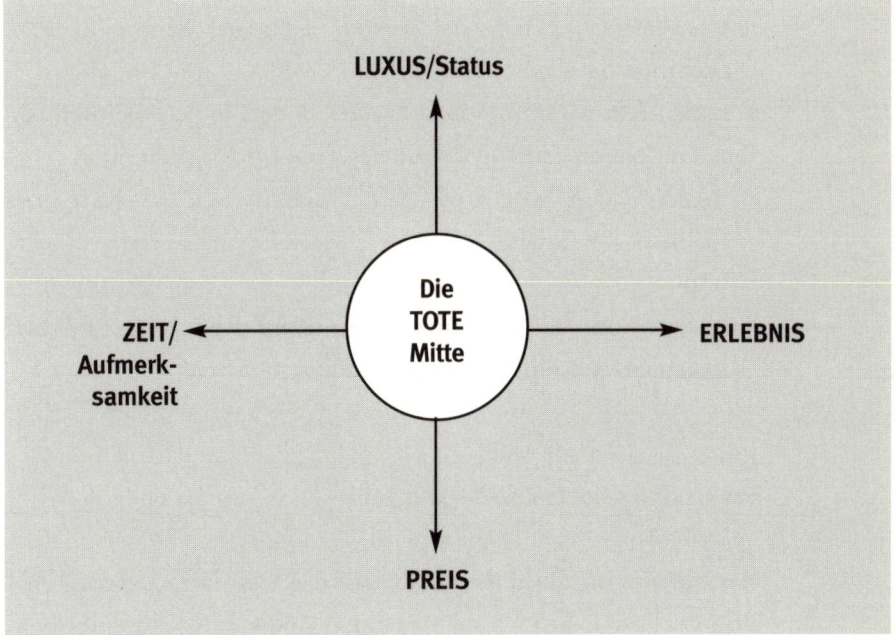

Die vier »Fluchtachsen« des Konsums

Wie können Unternehmen, Marketeers und Produktentwickler nun auf diesen neuen, zickigen Konsumenten reagieren? Zunächst: Sie müssen in ihrer Markt-Positionierung *die Mitte räumen!* Sie müssen entschlossen in die komplexeren Marktregionen ausweichen, in der die Wertschöpfung der Zukunft stattfinden wird. Sie müssen – und hier kommen wir zur Substanz jeder trendgestützten Unternehmensstrategie – *die Regeln des Marktes neu erfinden!*

Diese vier Achsen symbolisieren die vier Megamärkte des Konsums von morgen. Investieren kann man prinzipiell:

- in die *Zeit- und Aufmerksamkeitsmärkte*, in denen es vor allem um Convenience, Lebenserleichterung, Komfort, Service in allen Schattierungen geht;
- in den Sektor *Preis/Discount/Logistik*, in dem in den nächsten Jahren die entscheidenden Preis-Schlachten geschlagen werden;
- in den *Luxus- und Status-Sektor*, den Bereich der Kult- und Connaisseur-Gegenstände, der Edelmarken und Prestigeobjekte und
- in den Sektor des *Erlebniskonsums*, in dem Erlebnisse, Gefühle und Inszenierungen im Vordergrund stehen.

Exkurs: Die neuen »Zeit-Zielgruppen«

Wie steht es im Reich der Trends mit der Frage der »Zielgruppen«? Prinzipiell, so haben wir im Megatrend »Individualisierung« gelernt, spalten sich die klassischen Zielgruppen (Mann/Frau, Arm/Reich, ländlich/städtisch etc.) immer mehr auf, bis hin zur »Zielgruppe eins«, dem Individuum, das nun erratisch, bisweilen geradezu chaotisch und paradox sein Konsumverhalten entwickelt. Mit unserem Achsensystem lässt sich nun ein kleines, nützliches Rastersystem entwickeln, in dem wir *die neuen, qualitativen Lebensbedürfnisse der Menschen* mit in die Konsum-Ökonomie einbeziehen. Dabei entstehen vier völlig neue Zielgruppen. Diese unterscheiden sich nicht mehr in den alten Kategorien, sondern im Hinblick auf ihre *Zeit- und Aufmerksamkeitsressourcen*.

In den großstädtischen Märkten dominieren bereits heute zwei Gruppen von Konsumenten: *time poor, money rich*: Leute mit viel Arbeit und einer Menge Geld, die aber keine Zeit haben, dieses Geld auszugeben. Und *money poor, time rich*: jener tendenziell marginalisierte, an den Rand geschobene Teil der Bevölkerung, der mit fallenden Einkommen zu kämpfen hat, aber über viel freie Zeit verfügt.

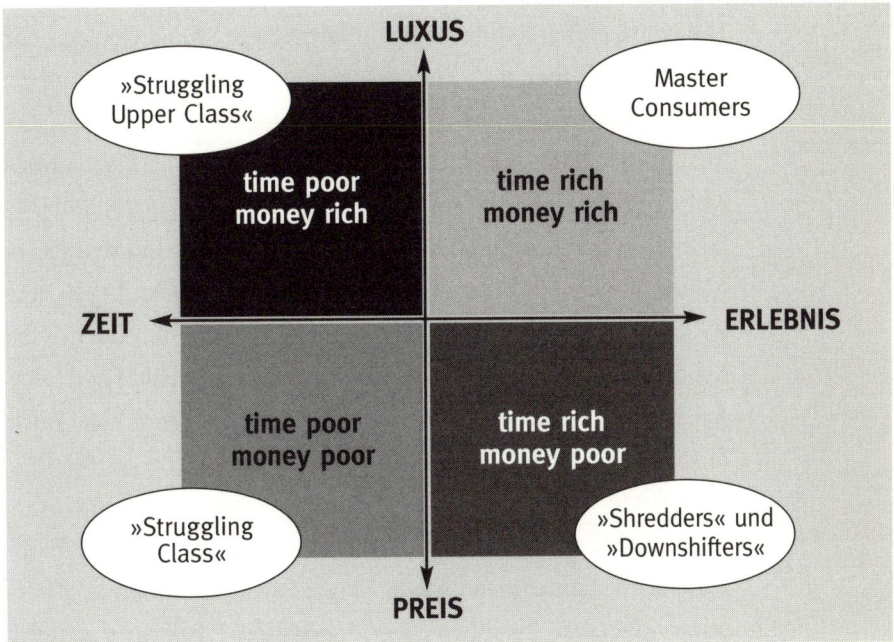

Die neuen »Zeit-Zielgruppen«

In unserem Achsensystem kommen nun noch zwei Kategorien hinzu: *time rich, money rich* und *time poor, money poor*.

- Wohlhabend *und* zeitwohlhabend sind vor allem die »Master Consumers« zwischen 50 und 65, die wir im »Megatrend Altern« beschrieben haben.
- Zeitarm *und* geldarm sind jene »Basic Workers«, die in Restaurants, Hotels, Fitnessclubs, Krankenhäusern, beim Putzen, Kochen, Kellnern die Grundarbeit verrichten. Wir könnten sie auch die »Struggling Class« nennen: Menschen mit oft zwei, drei »McJobs«, die ums ökonomische Überleben kämpfen.
- Die kommenden Reformen im Sozialwesen werden diejenigen mit wenig Geld, aber viel Zeitpotenzial eher in die Erwerbsarbeit zurückbefördern – staatliche Transfers werden in Zukunft eher verknappt. Deshalb rekrutiert sich das »zeitreiche und geldarme« Milieu in Zukunft eher aus den »Downshifters« oder »Shredders«. Überall in den Großstädten und an ihren Rändern hat sich dieses Milieu der »neuen Bohemiens« oder »Starnberger Outdrops« entwickelt. Im Grunde geht es um die rück-abgesicherte studentische Lebensform, um Lebens- und Sinnqualität mit wenig Geld: »Ich mache ein paar Reiki-Kurse, ansonsten zahlt mir mein Vater noch die Miete, und mit 1000 Euro komme ich gut aus. Zu meinem 50. Geburtstag wünsche ich mir – einen High-Tech-Wohnwagen.«
- Und oben links finden sich die gut verdienenden oberen Schichten, die aber zunehmend wieder länger arbeiten, und deren Stressfaktor (Freizeit-, Familien- *und* Arbeitsstress) bei zunehmender Arbeitsderegulierung streng nach oben tendiert. Motto: »Wir leben ganz gut, aber immer mehr im Stress.« Nennen wir sie die »Struggling Upper Class«.

Die Evolution des Preiskonsums:
Vom Sonderangebot zum »Cheap Chic«

Jede unserer vier Zukunftsachsen des neuen Konsums entwickelt nun eine eigene Steigerungslogik, eine aufsteigende Achse der Komplexität und Wertschöpfung.

Preis-Psychologie setzt an unserem alten Jäger- und Sammlerinstinkt an, an unserer Lust am Optimieren von Situationen. Dabei geht es inzwischen in den allerwenigsten Fällen um reinen Geldmangel. Natürlich gibt es auch Menschen, die bei »Aldi« oder »Hofer« einkaufen müssen, um über die Runden zu kommen. Aber das trägt nicht den erstaunlichen Zuwachs des Discount-Sektors: Richtig Spaß macht das Geldspar-Argument erst, wenn es sich um relativ hochwertige Güter handelt – (bei »Aldi« sucht man nicht das Mehl, sondern den Champagner für dreizehn Euro!).

Preiskonsum entwickelt sich jenseits des simplen »Sonderangebots« weiter in den folgenden Motivlinien:

- *Cleverness:* Eines der stärksten Argumente für die Discounter ist die »Widerlegung der Unterschiedsbehauptung«: »Aldi«-Joghurt, so weiß der schlaue, der smarte Konsument, ist in Wirklichkeit von »Nestlé«-Fabriken gerührt und geschüttelt worden, schmeckt genauso und hat dieselben Inhaltsstoffe wie ein dreimal so teurer Edeljoghurt von »Landliebe«! Auf diese Weise verbündet sich der Discount-Handel mit dem *Misstrauen des Kunden gegen die Behauptungen des Marketings.* Eine wirklich clevere Allianz, denn nichts wächst so schnell wie das Misstrauen!
- *Smart Shopping:* Schließlich werden in Sachen Preiskonsum »taktische Allianzen« eingegangen: Wir kombinieren Billigkauf mit

Luxuskauf. Noch wollen es die Luxusanbieter nicht wahrhaben, aber auch die Adepten von »Gucci«, »Prada« und Co. stehen auf Sonderangebote. Vielleicht sogar noch mehr als die »Aldi«-Gemeinde: Ein billig erstandener Edel-Fummel macht mindestens zehnmal so viel Spaß wie ein billiger Joghurt!

- *Cheap Chic:* Im nächsten Schritt wird es dann wirklich gefährlich – und zwar auch für die traditionellen Kernmärkte. Was wäre denn, wenn in Zukunft Discounter auf den Markt treten würden, die beide Motive gleichzeitig befriedigen können? Das Bedürfnis nach extrem billigen Produkten, die aber gleichzeitig luxuriös einherkommen. Unmöglich? Ein Paradox?

- Die amerikanische Billigfluglinie »Jetblue« ist nicht ganz so billig wie »Ryanair« und »Easyjet« (sie verkauft z.B. keine Umsonst-Plätze). Aber ebenso wie die Billiglinien der ersten Generation setzt diese Airline auf extrem schlanke Wertschöpfungsketten und Buchung nur über das Internet. Aber sie ist eben keine simple »Weglass-Airline«, bei der die Passagiere zu Businsassen degradiert werden. Ihre Flugzeuge sind modern gestylt, alle Sitze sind Ledersitze, jeder Passagier hat einen eigenen Bildschirm, die Stewardessen sind ausgesucht schön und cool. Rechnet sich das? Es rechnet sich!

Mit solchen Kombinationen des scheinbar Paradoxen werden in den nächsten Jahren ganze Märkte aufgebrochen und umgekrempelt. Hier wird das Versprechen der »New Economy« eingelöst: Durch die enormen Produktivitätsfortschritte der Informationstechnologie lassen sich Qualität und Preisgestaltung gleichzeitig extrem verbessern.

Hier die Formel für die aufsteigende Komplexität auf der Preisachse:

FORMEL FÜR DIE ZUKUNFT DES PREISKONSUMS

Sonderangebot ⇨ Cleverness ⇨ Smart Shopping ⇨ Cheap Chic

Die Evolution des Luxus:
Vom Demonstrativ-Konsum zur kultigen Kennerschaft

In der Industriegesellschaft war es vor allem der sichtbare edle Materieanteil, der ein Produkt zum Luxusprodukt machte. Gold, Silber, Chrom, Vogelaugenahorn – ein Auto musste zweieinhalb Tonnen wiegen, um sich genug von den anderen Autos abzuheben. Man »zeigte, was man hatte«. Frauen wurden mit Brillanten behängt, Männer definierten sich über PS, Genussprodukte wie Kaviar oder Champagner waren deshalb »Luxus«, weil sie teuer waren und weil andere sie sich nicht leisten konnten. Luxus war zuallererst die Demonstration von »abgrenzendem Reichtum«.

Im Wertewandel der Wissensgesellschaft wandelt sich nun der Luxusbegriff. PS ist nicht mehr alles. Geschmack und stilistische Feinheiten, Design-Details und Beschaffungsfragen treten auf den Plan. Die »Rolex« wird plötzlich das Zeichen des Emporkömmlings, der sein Geld nicht halten kann und es in »tote Materie« investiert (anstatt in Wissens- und Bildungsvorteile). Alte S-Klasse-Modelle wirken protzig statt edel. Aus »Haben« wird »Sein«. Exklusivität buchstabiert sich nun nicht mehr als »so teuer, dass niemand anderes es sich leisten kann!«, sondern eher als »so individuell, dass kein anderer es versteht.«

Auf diese Weise entwickelt sich erst ein kulturell vermittelter Konsum, schließlich ausgereifte *Kult-Connaissance*. Um Produkte mit Geschichte und Kultur – Rotwein, Olivenöl, Zigarren, altes Spielzeug, Oldtimer, Motorräder, Kaffee, Absinth – die Beispiele sind ohne Ende – bilden sich regelrechte »Gemeinden«. Dabei geht es weniger um das Kaufen und Erwerben als um den »Bildungsakt«, der mit dem Verständnis einer bestimmten Feinheit, eines Geschmacks- oder Genussdetails, verbunden ist.

David Brooks hat diesen Umwertungsprozess des Luxus in seinem Buch *Die Bobos* sehr schön geschildert. Darin beschreibt er den Wandel der 68er Generation bzw. der Baby-Boomer von Konsumkritikern zu den »bürgerlichen Bohemies« unseres Zeitalters:

ERLEUCHTENDES ZUKUNFTSZITAT

10 000 Dollar für einen Freiluftwhirlpool rauszuschmeißen ist dekadent, aber nicht mindestens das Doppelte für eine überdimensionale Dusche aus Schiefer zu investieren, gilt als sicheres Zeichen dafür, dass man noch nicht gelernt hat, die einfachsten Dinge im Leben zu genießen. Ebenso wird es gerne gesehen, wenn man Hunderte von Dollars für Wanderschuhe ausgibt, als vulgär hingegen, denselben Betrag für Lacklederschuhe auszugeben. 4 400 Dollar für ein Mountainbike hält man für angemessen, denn Bewegung ist nun mal wichtig. Ein Motorboot wäre hingegen ein sicheres Zeichen für Oberflächlichkeit [...] Bobos wollen keine protzigen Besitztümer, sie wollen niemanden beeindrucken. Sie wollen seltene Kleinode, die von der Masse noch nicht entdeckt wurden, klug gestaltet sind und das Leben abwechslungsreicher machen.

David Brooks[6]

Für das Marketing ist diese Entwicklung beides: höchster Schrecken und neue Chance zugleich. Connaisseur-Gemeinden sind störrisch und werberesistent, sie entwickeln ihren Produktkosmos weitgehend autonom. Damit erzwingen sie Werbeformen, die mit »Werbung« nichts mehr zu tun haben: Mischungen aus Kultursponsoring, Mentorenschaft, Patenschaft, echte und unverbogene Kommunikation.

Was aber ist die allerletzte Konsequenz der Kennerschaft, gewissermaßen der finale Luxus? In Kalifornien sorgte in den letzten drei Jahren ein neues Kriminaldelikt für Furore: Aus Gärten wurden des Nachts alte eingewachsene Bäume »entführt«, mit Spezialmaschinen, um sie woanders wieder einzupflanzen. Hintergrund: In den USA werden »Bäume mit Geschichte« zum Statussymbol. So genannte »Tree Brokers« verkaufen Bäume mit Stammbaum. Ein knorriger hundertjähriger Olivenbaum kostet auf dem Markt bis zu 60 000 Dollar. Für alte Ahornbäume werden bis zu 40 000 Dollar bezahlt, für Rhododendren 4000.

Der höchste Gipfel des Luxus ist das, was eigentlich nicht zu kaufen ist, was also die höchste Rarität und die höchste »Codierung« gleichzeitig darstellt: Authentizität. Das höchste Luxusgut ist das »Gewachsene«, das »Einmalige«. Es ist:

- symbolisch-archaisch aufgeladen
- mit Geschichte, Gefühlen, Werten verknüpft[7]
- handwerklich-unikathaft produziert (oder natürlichen Ursprungs).

Geldluxus ⇨ Kultureller Luxus ⇨ Kult-Connaissance ⇨ Mega-Authentizität

Die Evolution der Dienstleistung:
Vom »Serviceboom« zur Lebensbegleitung

Die einfachste Antwort auf die Zeit- und Aufmerksamkeitskrise scheint in der schlichten Formel zu liegen, die heute auf keinem Businesskongress fehlen darf: »Wir müssen unsere Servicekultur verbessern!« Recht so. Aber diese Parole greift auf Dauer viel zu kurz, und zwar aus folgenden Gründen:

- Warum soll ich für eine Leistung bezahlen, die logischerweise inklusive sein müsste? Prognose: Es wird immer mehr Langzeitgarantien mit Alles-inklusive-Charakter geben, das »Service-Geld« für die Dienstleistung, wie es etwa die Banken oder Reisebüros versucht haben, führt in die Irre.

- Auch allzu viel Service kann Teil der Überkomplexitätskrise des Alltags sein. In einem Grandhotel kann einem der trinkgeldheischende Aufmarsch der Angestellten ganz schön auf den Wecker gehen. In einem modernen, von Mobilität geprägten Haushalt frisst schon allein die *Organisation* der verschiedenen Handwerker – selbst wenn diese verlässlich, pünktlich und serviceorientiert ins Haus kommen – enorme Zeit- und Aufmerksamkeitsressourcen!

Dienstleistung der Zukunft ist vor allem ein *Aufmerksamkeits-* und *Kompetenzproblem.* Wir wünschen uns nicht nur einen Dienstleister, der dienen kann (das ist in der individuell-demokratischen Gesellschaft sogar eher degoutant und schwierig), sondern einen, *der mitdenkt. Der uns und unsere Bedürfnisse kennt! Der uns den ganzen Laden organisiert.*

Hier befindet sich das scheunengroße Einfallstor für das, was der Autor Elliott Ettenberg *Concierge Marketing* nennt.[8] Wir delegieren unseren alltäglichen Konsum an »Vertraute« – damit wir uns selbst wieder anderen, für uns wichtigeren Dingen zuwenden können.

1. Concierge Marketing
Ich würde jeder Person, die mir bei Anschaffungen – Autos, Essenskonsum, Elektronik, Möbel, Reisen – jeweils das Beste, Aktuellste, für meinen Geschmack Adäquateste und dabei Preiswerteste besorgt und beschafft und prompt ins Haus bringt, pauschal 25 Prozent meines Einkommens zur Verfügung stellen.

Die Logik eines solchen Deals liegt auf der Hand, und die Ökonomie ergibt sich von selbst. Angesichts unseres komplexen Lebensalltags brauchen wir »Konsumagenten«. Wir können uns einfach nicht mehr um die jeweils neuesten Produkte und Sonderangebote kümmern (selbst wenn wir Hausfrauen sind). Concierge-Einkaufsdienste würden sich deshalb auf Dauer selbst bezahlen, zumal, wenn sie sich zu Rabattgemeinschaften und »Portalen« zusammenschließen würden.

2. Smart Services
Ich würde für eine Person, die mit die Nervereien meines wunderbaren, vielfältigen Lebens vom Leibe hält (Führerschein verlängern, elektronische Geräte wie Computer aufbauen, warten, auf dem Stand halten, kochen,

Fragen klären rund um Ernährung, Kleidung, saubere Energie, Elektronik, Sicherheit, Mobilität), pauschal weitere 25 Prozent meines Einkommens zahlen.

Das wäre die nächste Stufe: nicht nur Besorgungen, sondern die Organisation von alltäglichen Aufmerksamkeiten. (An dieser Stelle wird noch einmal deutlich, wie der »Megatrend Frauen« unsere Alltagsökonomie durcheinanderwirbelt. Früher hatten wir Männer für diese Aufgaben Frauen oder Mütter zur Verfügung.)

3. Full Life Assistance

Ich würde jeder Person, die die Schulprobleme der Kinder lösen hilft, mit meiner Frau und dem Finanzamt streitet, unsere Hobbys weiterentwickelt, entscheidet, wo wir hinziehen, kompetent entscheidet, in welche Aktien wir investieren sollen, wie unsere nächste Wohnung aussehen soll, die sich darum kümmert, dass wir uns gut ernähren, Sport treiben, Erholungspausen einlegen etc. weitere 25 Prozent meines Einkommens geben.

(Ich selbst käme mit den restlichen 25 aus – für ein bis zwei nette kleine Kaufanfälle und ein paar Rücklagen fürs Alter.)

Mit einer solchen – hier noch rein theoretischen – Full Life Assistance, einer Mischung aus Coaching und Alltagsservice, würden Berater und »Provider« immer näher an unser Privatleben heranrücken. Aber so unglaublich utopisch ist das eigentlich gar nicht. Pfarrer und Seelsorger hatten früher oft eine Full-Life-Assistance Funktion. Gouvernanten, Hausdamen, »gute Seelen« entscheiden über weit mehr als den Küchenzettel. Privatbanken haben »Lifestyle Providing« immer schon für ihre reiche Klientel angeboten (bis hin zum diskreten Abschieben der Kinder ins sorgfältig ausgewählte Internat). Ein guter Vermögensberater ist immer auch ein Life Coach, denn er muss bei sehr langfristigen Entscheidungen assistieren können. Am Ende dieser Kette steht der Lebensberater und die totale »Vercoachung« unserer Lebens- und Berufswelt.

Im Zeichen der Aufmerksamkeitskrise erleben wir – oft ohne es zu merken – eine Re-Aristokratisierung der Gesellschaft. Dabei werden hochkomplexe Dienstleistungen demokratisiert. Es werden Zeiten kommen, in denen wir uns alle Hofnarren, einen Generalstab an Bediensteten und Gouvernanten leisten können. Für den Seelenfrieden und für eine entspanntere Lebensqualität!

FORMEL FÜR DIE ZUKUNFT DER DIENSTLEISTUNGEN

Simple Service ⇨ Concierge Marketing ⇨ Smart Services
⇨ Full Life Assistance

Die Evolution der Erlebniskultur:
Vom Spaßhaben zur persönlichen Transformation

Wenn wir das Wort »Erlebnis« hören, denken die meisten an die verwandten Begriffe »Fun« und »Thrill«. Und an die Erlebnisparks, wie sie rund um den Globus aus dem Boden gewachsen sind, seit Disney mit seiner Kinderwelt für Erwachsene den Anfang machte. Ist also Erlebniskultur im »Six Flags Magic Mountain Park« auf den Punkt gebracht? In der dortigen nagelneuen Achterbahn beschleunigt man in zwei Minuten auf 76 Meilen, 130 Stundenkilometer, und fällt dann mit vier G, der vierfachen Erdanziehung, hundert Meter in die Tiefe!

Achterbahn im »Six Flags Magic Mountain Park«

Ja, das ist ein Erlebnis. Für Masochisten, Kreisch-Girls und Menschen mit eisernem Magen. Aber es hat Grenzen. Bei fünf G werden ca. 50 Prozent der Leute ohnmächtig. Bei 150 km/h hält kein Material mehr den Fliehkräften stand. Wie weit kann man den Erlebnisreiz erhöhen? Wie weit Produkte inszenieren?

In Chicago gibt es ein Restaurant mit dem Namen »The Girls' Place«, initiiert und betrieben von der Puppenfirma »The Pleasant Company«. Dorthin gehen Großmütter, Mütter mit ihren Töchtern und deren *Lieblingspuppen*: Auch die Mädchen sehen aus wie Puppen, in ihrer Rüschen-Abendgarderobe. Für 25 Dollar sieht man die »American Girls Revue«. Für 21 Dollar können sich die Young Ladies fotografieren lassen und ihr Bild auf dem Cover eines »American Girl Magazine« mitnehmen. In »The Hair Saloon« werden sogar ihre Puppen frisiert, und ein Laden liefert von Kosmetik bis zum Tattoo alles für die junge Dame von Welt …

Dieses pointierte Beispiel für modernes Erlebnismarketing ist ein Beispiel für das, was James H. Gilmore und B. Joseph Pine II. »Erlebnis-Hubs« und »Imagination Centers« nennen.[9] Im Sportbereich, auch im Reich der Autos, werden solche multidimensionalen Kauferlebnisse zweifellos an Bedeutung zunehmen, siehe »Niketown«, siehe »VW« mit seiner gläsernen Fabrik und der Autostadt in Wolfsburg. Weitere Beispiele:

- Der US-Baumaschinenhersteller »Case«, Hersteller von Baggern und Bulldozern, betreibt in Wisconsin ein »Experience Center«.
- »REI«, ein Outdoor-Hersteller, hat in seiner Zentrale in Seattle einen künstlichen Berg mit Wildwasserfluss und Langlaufloipen errichtet.
- Während die gesamte Branche über Umsatzrückgang klagt, boomen Kaufhäuser wie zum Beispiel »De Bijenkorf«, ein »Leben-, Kunst- und Kultur-Kaufhaus« in Enschede, das mit Kulturprogrammen, Themenwelten und Spezial-Verkaufsevents ganze Hunderttausendschaften von Kunden aus Deutschland anzieht. (www.bijenkorf.nl)
- »Prada« in New York ermöglicht dem Kunden eine Welt, in die er völlig eintauchen kann. Im Konsumtempel lösen *tags*, elektronische Etiketten, an den Kleidungsstücken in der Umkleidekabine eine virtuelle Modeshow aus. Wer diese »erlebt« hat, wird automa-

tisch Teilhaber der »Prada«-Welt und hat jederzeit Zugang zu individuellen Angeboten im Netz.

An solchen Beispielen werden aber auch gewisse Grenzen deutlich. Erlebniswelten können in der Konsequenz »totalitär« werden, und sie überschreiten bisweilen die Geschmacksgrenzen. In Europa sollten sie eine gewisse *kulturelle Integrität* ausstrahlen, um ernst genommen zu werden. Größenwahnsinnige Projekte (wie etwa die »Totalentertainisierung« der Alpen) werden scheitern, denn der Gegentrend zur »Authentizität« blockiert allzu spektakuläre Inszenierungen der Künstlichkeit. Und auch in der anderen Richtung sind Grenzen gesetzt: Man kann nicht jedem profanen Produkt einen Erlebnischarakter »anhängen« (in Österreich, im Mühlviertel, bin ich neulich an einer »Holztüren-Erlebniswelt« vorbeigefahren: *Erleben Sie das Abenteuer einer neuen Holztür!*).

Denken wir einfach einmal neu über den Wesenskern des Wortes »Erlebnis« nach:

- Die nächste Steigerungsstufe des Erlebnisses ist die *Erfahrung*. Erlebnisse sind stets kollektiv und massenhaft. Erfahrungen sind individuell. Sie sind lehrreich. Sie verändern Menschen (wenigstens ein bisschen). Erfahrungen macht man, wenn man »echte Abenteuer« erlebt, wenn man sich mit anderem, Fremdem konfrontiert, wenn man sich *mental bereichert*.
- Warum besteigen jedes Jahr Tausende unter akuter Lebensgefahr den Mount Everest? Was hatte es mit den Motivationstrainer-Brüllorgien mit Feuerlaufen, gemeinsamem Singen und Powermusik auf sich? Ohne Zweifel ein Erlebnis. Aber der Grund, weshalb Tausende von Menschen viel Geld für so etwas auszugeben bereit

waren (und Motivationstrainer vorübergehend reich wurden), war eine weitergehende Erwartung: *Man wollte ein anderer Mensch werden!*

Wenn alle Funs und Thrills durchlebt wurden, suchen die Menschen nach Substanziellem. In der Aufmerksamkeits- und Wissensgesellschaft, in der »sensuellen Gesellschaft«, ist das kostbarste Gut, dem Menschen nachstreben, irgendwann ein Transformationserlebnis. Das Streben nach Transformationen ist die logische Folge einer alternden Gesellschaft, in der Reife und Weisheit zu den zentralen Werten und Zielen gehören. Transformationen helfen uns auf die nächste Stufe der mentalen Entwicklung. Anders als Schönheitsoperationen (mit denen man vielleicht dasselbe bezweckt) sind sie nachhaltig, tief greifend und man bereut sie nie. Transformationen sind aber nicht mehr in den Kategorien des »Konsums« zu verstehen. Sie entziehen sich der verkäuferischen Absicht. Sie sind individuell, intim, selten und kostbar.

FORMELN FÜR DIE ZUKUNFT DES ERLEBNISKONSUMS

»Fun« ⇨ Erlebniswelt ⇨ Erfahrung ⇨ Transformation

Entertainment ⇨ Experience ⇨ Enlightment

INVESTIEREN SIE IN DIE NEUEN KULT- UND AUFMERKSAMKEITSMÄRKTE

Wo liegen in unserem System die »Trendlücken« – jene Bereiche, in denen in Zukunft tatsächliche Innovation stattfindet und wirklich Geld verdient wird?

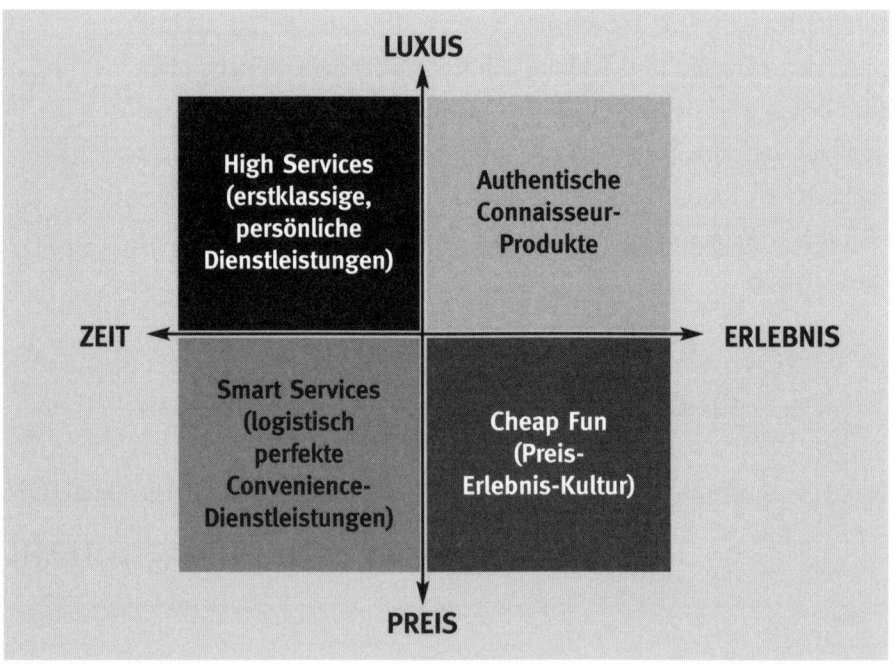

Mögliche Zukunfts-Positionierungen

Hier einige Beispiele:

Authentische Connaisseur-Produkte (»Kult-Connaissance«)

Das *Time Magazine* brachte vor kurzem eine Titelgeschichte unter der Überschrift »The Quest for Quality«. Dargestellt wurden die Handwerk-Renaissancen Europas – Produkte und Firmen mit Tradition, die heute mehr florieren denn je:[10]

- »Stradivari«, der fast 400 Jahre alte Geigenbauer: Das Geschäft läuft bestens;
- »Ardbeg Whiskey« aus Schottland, 1494 gegründet: 20 Prozent Umsatzrendite in den Jahren 2000–2002;
- »Aga«, riesige englische Holzöfen für die Küche, 7000 Euro pro Stück: jedes Jahr Umsatzsteigerung von 30 Prozent;
- »Valencia Ceramics« und Ungarns »Herend«: Zwei Porzellanfabriken expandieren in den Weltmarkt;
- »Olga-Berluti«-Schuhe und »Tod's«: stark expandierende Handwerksmarken im Edelschuhsektor;
- Uhren: »Le Locle« in Venedig – nur eine von insgesamt zwanzig europäischen Uhr-Manufakturen, die einen sensationellen Boom verzeichnen;
- »Brixlegg«, eine österreichische Lodenmanufaktur: beliefert den Weltmarkt;
- »Botanicus«, eine tschechische Naturkosmetik-Marke: 500 Prozent Wachstum in drei Jahren;
- »Waterford« und »Swarowski«: Wunderwelten mit traditionelles Porzellan und Kristallen.

Bulgarien belebt seine Rosenöl-Industrie wieder. In Belgrad entwickelt sich eine blühende Juwelier-Branche mit exzellenten Spezialisten. Polens Restaurateur-Brigaden gehören heute zu den begehrtesten Renovateuren weltweit.

Alle diese Produkte sind eben mehr als ein Produkt. Sie haben Geschichten im Gepäck. Sie handeln von Menschen und ihren Leidenschaften. Sie verfügen über (Produktions-)Orte, wo man hinfahren und schauen/fühlen/riechen/schmecken kann, wie »es« gemacht wird – seit Jahrhunderten. Sie bieten zusätzlich zum magischen Produkt auch noch einen Erlebnischarakter, für den man keine Kulissen benötigt – sie sind *echt*. Viele handwerkliche Traditionen erleben im Rückenwind des »Authentic«-Trends ein Comeback. Dabei wird ein fast in Vergessenheit geratenes Qualitätsprodukt mit professionellen Marketing-Methoden »neu erzählt«.

Cheap Fun: Die neue Preis-Erlebnis-Kultur

Müssen sich günstiger Preis und Erlebnis ausschließen? In der Verbindung zwischen beidem entwickeln sich interessante Spannungsbögen. Was der »2001«-Versand schon seit vielen Jahren vorexerziert (»Hochwertiger Jazz zu Dauer-Supersonderpreisen«), kann man getrost als evolutionäres Prinzip ansehen. Die Outlet-Center machen es vor. »Strauss Innovation« verbindet Entertainment-Elemente mit Schnäppchenkultur. Wer Luxus mit Niedrigpreisen verbindet, gewinnt die nächste Einzelhandelsrunde.

High Services – Top-Dienstleistungen aus einer Hand

Wir waren, was die Dienstleistungskultur anbetrifft, schon viel, viel weiter. Vor hundert Jahren herrschte in den bürgerlichen Stadtvierteln Europas eine hoch entwickelte Servicekultur. Damals mussten gebildete Frauen nicht ihre Lebenszeit als Haushälterinnen oder Organisatorinnen verbringen (und Männer mussten nicht so tun, als seien sie brennend am Haushalt interessiert … aber lassen wir die Nostalgie). Auch die »dienstbaren Geister« hatten à la longue fast immer Vorteile von dieser Nachfrage; die vielen Frauen aus den ländlichen Regionen Europas, die im Rahmen der Landflucht in die großen Städte kamen, fanden so ein Sprungbrett in die urbane Zivilisation.

Heute beginnt sich dieses Segment allmählich wieder zu beleben – wir sind Zeugen der Herausbildung einer neuen urbanen »Luxervice«-Kultur. In Deutschland, Österreich und der Schweiz findet dieser Boom verschämt im Schwarzarbeitssektor statt. In großen Metropolen wie New York oder London, mit ihrer Mischung aus Multikultur-Immigration und bürgerlicher Tradition, sind heute auch die komplexen Hausdienstleistungen wieder verfügbar – zu erschwinglichen Preisen. Bei »Hire Intelligence«, London, kann man eine komplette Hausfrau mieten – sie oder er kümmert sich um den Haushalt, bringt die Kinder zur Schule, organisiert die Bürokratie. Die Berliner Agentur »Mediaworx.de« schlug im Jahre 2001 einen ungewöhnlichen Weg ein, um die Motivation ihrer Mitarbeiter zu steigern: Sie beschäftigt ein *Bestgirl* – einen Dienstleister, der sich darum kümmert, dass bei den Angestellten zu Hause alles in Ordnung ist. Das Luxushotel »Ritz-Carlton« hat mit einem Service-Angebot begonnen, das wir alle dringend auch zu Hause benötigen: Der *Technik-Butler*, der uns die

Anschluss- und Kompatibilitätsprobleme unserer Rechner stilvoll löst, wird uns zunächst in Flughäfen und Luxus-Appartmenthäusern zur Seite stehen, bevor er in fünf Jahren auch für den Normalmenschen zu buchen ist ... Täglich. Rund um die Uhr. Wetten?

Smart Services – schnell, preiswert, convenient

Und schließlich der große, weitgehend noch unbeackerte Sektor der »McDienstleistungen«: Neben den elektronisch geprägten Service-Systemen (ich würde zum Beispiel auch »Amazon« zu diesem Sektor zählen) boomt inzwischen eine Fülle von Take-it-easy-Services, die Technologie geschickt mit einer fast altmodischen Freundlichkeit kombinieren. Die Zeit der muffigen und überteuerten Handwerkerkultur ist abgelaufen. Das fängt bei Kleinigkeiten an – der Neusser Malermeister Michael Dworak (www.dworak.de) etwa ist dafür bekannt, immer dann zu renovieren, wenn die Bewohner in Urlaub sind. Damit nach Abschluss der Arbeiten alles wieder an seinem angestammten Platz steht, werden alle Räume zunächst filmisch festgehalten. »Smart Services« setzen am Öffnungszeit-Problem an – man denke etwas an die neuen 24-Stunden-Services, die besonders im Wäschereibereich das Single-Dasein erst möglich machen (»Zwo24« steht ihren Kunden 24 Stunden am Tag zur Verfügung, www.zwo24.de). Bis hin zu »Retro-Services«, die Elemente aus den »guten alten Zeiten« wieder beleben. In Wien werden meine preiswert und professionell gereinigten Hemden immer mit folgender herzerwärmenden Banderole ausgeliefert (ich habe jedes Mal gute Laune, wenn ich vor einem Vortrag ein neues Hemd anziehe!).

Ihr Oberhemd gepflegt wie nie.   Wir danken sehr und grüßen Sie!

INVESTIEREN SIE IN »SENSUELLE MÄRKTE«

Mit Hilfe der »Evolutionsachsen des Konsums« können wir auch anders und aus neuer Sichtposition über die Märkte der Zukunft nachdenken.

Mit *Sensual Markets* bezeichnen wir jene »Märkte«, die an den Spitzen unserer Evolutionslinien, also in den komplexeren Regionen der neuen Wertschöpfung liegen. Die Anführungszeichen bei »Märkte« rühren daher, dass dies äußerst ungewöhnliche, bisweilen »unscharfe« Märkte sind. Es geht in ihnen um »Produkte« wie Aufmerksamkeit, Zuneigung, um tiefe Sehnsüchte, Ängste und Hoffnungen. Im Kern der Dienstleistungen liegen fragile Kategorien wie »Respekt« und »Vertrauen«. Worte, die eine erhöhte Dosis von Fingerspitzengefühl und persönlichem Engagement verlangen. Einige Beispiele:[11]

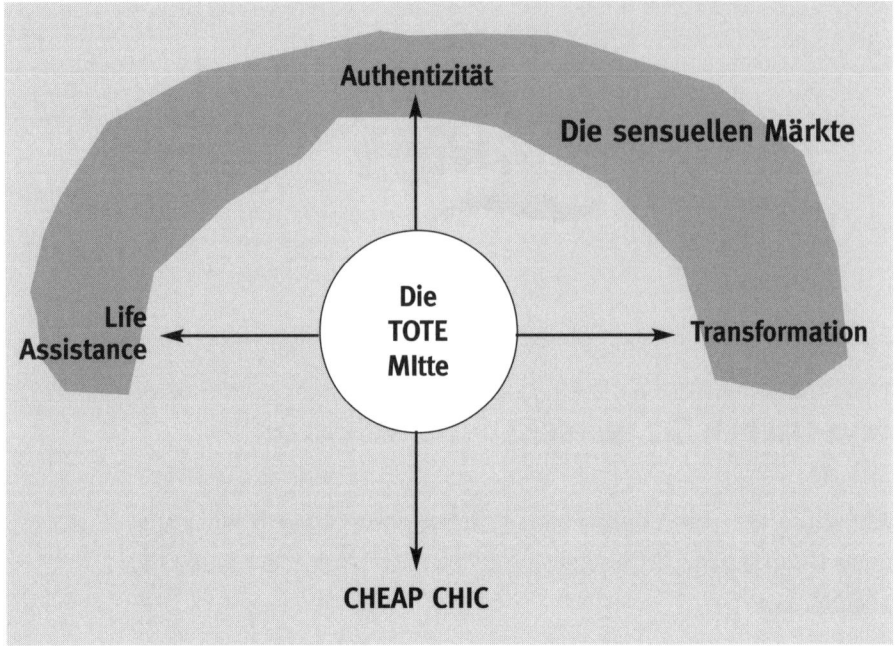

Die »sensuellen Märkte« im Evolutionsdiagramm

**»Empower Markets«: Der Markt für persönliches Coaching,
Selbst-Kompetenz und Kreativität**

In der individualistischen Welt von morgen muss der Einzelne neue
Kräfte und Energien mobilisieren, um mitzuhalten, mitzuwachsen
und seine Lebenspläne zu verwirklichen. Dabei entsteht eine gewaltige Coaching-Branche, die Menschen bei der Selbstfindung, der
Weiterentwicklung, der Entscheidungsfindung hilft. Therapie,
Weiterbildung und Lebenshilfe in einem. In den USA hat sich bereits
ein breites Spektrum von Life Coaches entwickelt. Diese »Lebens-

trainer« bieten sich meist »im Abonnement« an, 700 Dollar monat-
lich ermöglichen ein wöchentliches einstündiges Telefongespräch.
Diese Dienstleistung wird zunehmend auch von Firmen für ihre Top
Executives genutzt und in zehn Jahren selbstverständlicher Bestand-
teil von Arbeitsverträgen in diesem Bereich sein (z. B. www.corporate-
athlete.com).

»Culture Markets«: Der Markt für kulturelle Events und Inszenierungen

Kultur ist der neue Sex. Ein Prozess in zwei Richtungen: Hochkul-
tur wird popularisiert (man denke nur an den Riesenerfolg des
Guggenheim-Museums, das die Hafenstadt Bilbao zu einem Mark-
stein auf der Weltlandkarte machte). Andererseits wird Trivialkul-
tur »hochkulturisiert«, und die künstlerische Avantgarde-Kultur
marschiert schnurstracks Richtung Massenkultur. Die berühmte
New Yorker Avantgarde-Truppe »Blue Man Group«, die ihre Karriere in Hinterhofkellern begann, tritt im Winter 2002/2003 an
den Pyramiden von Gizeh auf – ein Welt-Event, das mit der Fuß-
ball-WM fast mithalten kann. Auf dem Söldener Gletscher insze-
niert man den Marsch Hannibals über die Alpen. Der Übergang
zur Erlebniskultur ist fließend. In Schäßburg oder Sighisoara, am
Fuß der Karpaten in Transsylvanien, entsteht in den kommenden
zwei Jahren das Draculaland – ein Erlebnispark rund um das
Thema Vampire. Die rumänische Regierung hat diesen Ort ausge-
wählt, weil der Sage nach hier im Jahre 1431 Prinz Vlad Tepes Dra-
culea geboren wurde, der dem irischen Autor Bram Stoker als Vor-
lage für seine Dracula-Geschichte diente. Zum Angebot gehören

wird unter anderem ein Dracula-Schloss, das viele Grusel-Überraschungen bereithalten soll.

»Longevity Markets«:
Der Markt für Lebensverlängerung und Altersfitness

Das verlängerte Leben – bald werden es in Europa 80 Jahre im Schnitt sein – erzeugt neue Lebensphasen und biographische (Selbst-)Bilder. Wir alle lernen, so zu leben, dass wir diese verlängerte Lebensspanne auch *erleben* können. Das Bedürfnis, gesund alt zu werden, strahlt auf viele Bereiche aus – auch in die Gastronomie. Wohin der Wellness-Trend führen kann, wenn er sich mit dem Trend zur gesunden Ernährung verbindet, zeigt ein innovatives Restaurant, das unlängst in London eröffnete. Im »Heartstone« wird man nicht zuerst an einen Tisch geführt, sondern spricht zunächst bei einem »Ernährungschef« vor, der nach Diäten, Allergien, Fitness-Status, Gewichtsproblemen und Vorlieben fragt, bevor er eine Mahlzeit *verschreibt*. Im »Ya Cheau Health« in Hongkong wird schon seit zwei Jahren chinesische Medizin mit Kulinarik verschmolzen: Der Maître Mr. Wong fragt nach den Symptomen statt nach den Wünschen. Im Zuge der »Detox«- oder Naturheilmittel-Welle entstehen neue Mixturen von holistischer Medizin. »Farmacia«, die Lifestyle-Apotheke mit Hauptsitz in Covent Garden, London, erzielte mit entsprechenden Präparaten, zu »Detox Kits« zusammengestellt, einen Riesenerfolg: »leberstärkende Milchdistel mit verdauungsfördernden Kräutersäften, energetisierendes Vitamin C und immunstärkendes Echinacea«.

»Relax Markets«: Der Markt für Stille, Kontemplation und Lessness

Stressbezogene Krankheitssymptome, von der Allergie über die Migräne bis zu psychischen Problemen, erzeugen einen Gegentrend. Im Zuge der Feng-Shui-Euphorie entwickelten sich in den letzten Jahren neue Relax-Märkte. Der Architekturpsychologe Dr. Heinz-Georg Rupp etwa hat einen meditativen Ruheraum mit einer Pyramide im Zentrum entwickelt, der in Kliniken, Hotels und Bürogebäuden ein Refugium der Stille bietet. Musik und Duft innerhalb dieses mentalen Ruheraums sind genau aufeinander abgestimmt. Mehrere große Hotels und Consulting-Firmen haben schon geordert (E-Mail: Dr.Rupp@gmx.de).

»Fear Markets«:
Der Markt für Angst-Kompensation und Sicherheitssehnsucht

Angst ist ein signifikantes Merkmal unserer Epoche. Die globale Zivilisation erweist sich als verletzlich, Angst vor Gewaltverbrechen, Terrorangst und Kriegsgefahren beunruhigen die Menschen. Deshalb werden Sicherheitsdienstleistungen in den nächsten Jahren einen beispiellosen Boom erleben. Typisches Beispiel: Immer mehr Anbieter entwickeln satellitengesteuerte Systeme, mit denen Kinder in Notfällen ausfindig gemacht werden können. Etwa das »Siemens«-Stofftier »Leonie«. Hinter diesem Namen verbirgt sich ein Teddy, der ein Handy und ein GPS-Modul enthält (www.mobile-family.com). Noch automatisierter ist der Service, der unter »phonetrackers.de« angeboten wird: Ein daumengroßes Zusatzteil für das Mobiltelefon wird dabei so programmiert, dass das Telefon Alarm schlägt, wenn eine definierte »Schutzzone« verlassen wird – der Bereich zwischen Schule, Spielplatz und Wohnung etwa, in dem sich das Kind normalerweise aufhält. Das Handy kann in Stofftier oder Tasche versteckt werden.

»Companion Markets«:
Der Markt für Freundschaft, Liebe und Begleitung

Freundschaftsnetzwerke begleiten uns in der Wissensgesellschaft durchs Leben – sie stützen uns, helfen uns, berufliche oder private Ziele zu erreichen, und geben uns seelischen Halt in Krisen. Einer der wenigen spektakulären Erfolge im Internet sind Websites, auf denen man Networking mit Freunden oder alten Schul- oder Berufskameraden betreiben kann. »Friendsunited.com« und »lostamigos.org« bieten einen Service, mit dem man zum Beispiel seine alten Schulkameraden der Abiturklasse wiederfinden kann (vom *Stern* aufgegriffen). Lebenslang kann man auf diese Weise virtuell Jahresfeste oder Alumni-Party feiern. In der sensuellen Gesellschaft entsteht eine Professionalisierung sozialer Beziehungen, vom »Clubbing« – gewählt nach Geschlecht, Leidenschaft, Abhängigkeit, Interesse – bis hin zu neuen Partnerschafts- und Flirtagenturen für Singles.

»Transition Markets«: Der Markt für Übergänge und Abschiede

Für das aufgeklärte, sensible und sich seiner selbst bewusste Individuum ist der Tod der letzte, große Skandal, das finale Rätsel. Auf dem Umweg über die Auseinandersetzung mit dem Tod gelangen viele

Menschen heute auch wieder zu anderen Transitionsprozessen ihres Lebens. Lebensübergänge, Krisen, die in den archaischen Kulturen feste Rituale hatten, werden neu wahrgenommen und ritualisiert. Das Sterben wird nun ebenso geformt, gestaltet, »emanzipiert« wie die Sexualität und das Kinderkriegen. Sterbehilfe, Sterbeassistenz, ja *Sterbegestaltung* sind längst zu gesellschaftsfähigen Themen geworden, die in den Medien und Talkshows verhandelt werden. Der »Sterbemarkt« – also jener Markt, in dem 300 Millionen Menschen jährlich unter die Erde kommen, setzt 20 Milliarden Dollar jährlich um. Auch er entwickelt sich in die beiden klassischen Hauptrichtungen der Wirtschaft: einerseits Standardisierung, Globalisierung und Herausbildung von Billiganbietern; andererseits »Luxurierung« und Individualisierung. Bestattung im Lieblingsoutfit statt im Totenhemd, Abschiedsräume, die nach der Feng-Shui-Lehre gestaltet werden, bunt bemalte Särge und Urnen oder individuell ausgewählte Grabbeigaben. Sogar eine Lasershow zur Beerdigung wurde kürzlich auf Wunsch der Hinterbliebenen von Bestatter Detlev Mock, Mitglied im Verband Deutscher Thanatologen (www.vdt.de), realisiert. Die Firma »Traudich-Reisen« bietet Urlaubsreisen für Hinterbliebene an: Maximal acht Personen fahren dabei mit zwei Betreuern eine Woche lang an einen abgeschiedenen Ort; meditative und kreative Einzel- bzw. Gruppenübungen sollen den Trauerprozess begleiten. »Funeral Master« dürfen sich die ersten Absolventen des jüngst eingeführten Studiengangs am Bestatter-Ausbildungszentrum in Münnerstadt in Bayern nennen. Und die Firma »LifeGem Memorials« in Illinois bietet seit neuestem an, den Kohlenstoff des Geliebten in einen – Diamanten zu verwandeln. Ewiges Funkeln deiner Asche!

MESSEN SIE DIE FUTURE FITNESS IHRES UNTERNEHMENS !

Wir haben gesehen, wie jede der vier »Evolutionsachsen« eine bestimmte »aufsteigende Logik« verfolgt. Auf diesen Achsen bewegen sich die zukünftigen Revolutionäre, die ganze Branchen und Geschäftsfelder neu definieren werden. Aber auch für etablierte und »ganz normale« Marken und Produkte lässt sich dieses System nutzen. Denn grundsätzlich gilt: Jeder Anbieter auf dem Markt muss, um zukunftsfähig zu bleiben, in der Wertschöpfungskette in Richtung auf höhere Komplexität expandieren.

Um herauszufinden, wie Ihr heutiges Produkt/Ihre Firma/Ihre Marke heute dasteht, haben wir im »Zukunftsinstitut« ein Positionierungsmess-Modul entwickelt, das wir mit großem Erfolg auf Trendstrategie-Seminaren einsetzen. Man kann diesen Test sowohl für ganze Firmen (mit einer leichten Abänderung der Achsenbezeichungen) als auch für Individuen (»Selbst GmbHs«) durchführen. Der Einfachheit halber habe ich ihn hier für ein *Produkt* oder eine *Produkt-Range* bzw. eine klar definierte *Marke* konfiguriert.

Aus der oben definierten »Evolutionslandschaft des Konsums« definieren wir acht Achsen mit einer Bewertungsskala von eins bis zehn:

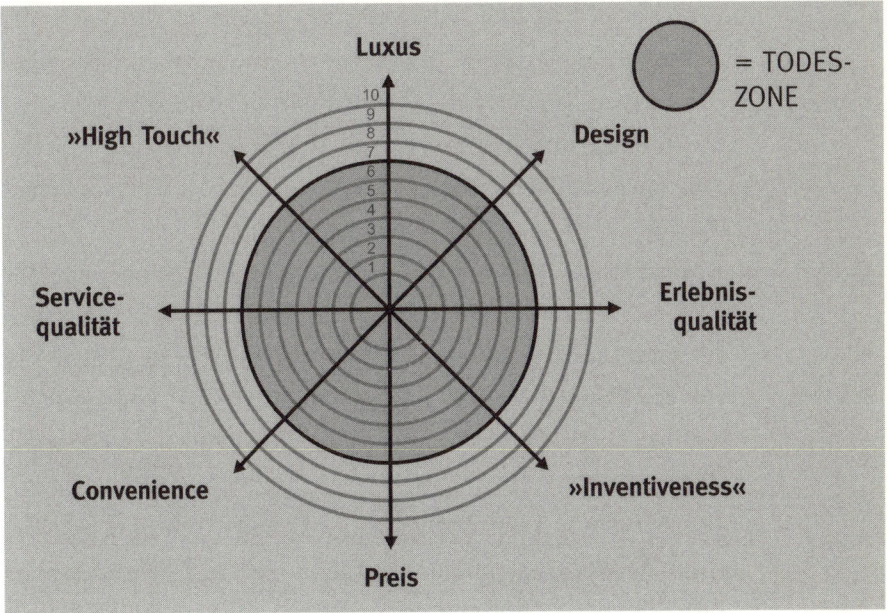

Der Future-Fitness-Testbogen: Testen Sie Ihr Unternehmen/Produkt

- *Luxusfaktor:* Wie edel und »statussicher« präsentiert sich Ihre Marke oder Ihr Produkt? Handelt es sich um eine Marke, die bei purer Nennung ein »Wow!« zur Folge hat und für die die Kunden ohne Augenzwinkern bereit sind, Preise zu bezahlen, von denen andere nur träumen können? (Zehn Punkte würden hier erhalten: »Gucci«, »Prada«, »Moët«, »Rolls-Royce«; neun Punkte: »Rolex« und »Mercedes«.)
- *Designfaktor:* Wie modern ist Ihr Produkt gestaltet, und wie sehr hebt es sich durch spektakuläres Design von der Konkurrenz ab? (Zehn Punkte würden hier erhalten: »Bulthaup«, das »SIDE«-Hotel in Hamburg; neun Punkte: »Alessi«, »Vitra« und »Nike«.)

- *Erlebnisfaktor:* Ist Ihre Marke eine Erlebnismarke, die sich durch vielerlei Inszenierungen, Animationen, Incentives, Theatralisierungen dem Kunden nahe bringt? Kann der Kunde Ihre Marke / Ihr Produkt / Ihre Firma auch mit den Sinnen erfahren? (Zehn Punkte würden hier erhalten: »Disney«, »Imax«; acht Punkte neuerdings: »VW« [Autostadt, Gläserne Fabrik]).

- *»Inventiveness«:* Wie innovationsfreudig ist Ihre Marke oder Ihr Produkt? Sind Sie in der Lage, schnell und in direkten Prozessen auf neue Nachfragephänomene zu reagieren? Wie lange dauert es von der Planung bis zum fertigen Produkt? Wie »trendsensibel« sind Sie? (Zehn Punkte würde hier erhalten: »Zara«; neun Punkte: »Nokia«.)

- *Preisfaktor:* Wie »radikal billig« ist Ihr Produkt? Wie stark bildet es einen Preisvorteil gegenüber der Konkurrenz aus? Wie effektiv ist Ihre Logistik, so dass Sie diesen Faktor vielleicht noch steigern können (Zehn Punkte: »Aldi«; neun Punkte: »Saturn«.)

- *Conveniencefaktor:* Wie »convenient« ist Ihr Produkt im Handling des Kunden? Nervt es ihn und fordert es ihn zu Handlungen heraus, die nicht unbedingt angenehm sind? Oder spart es ihm schon als Produkt (ohne Serviceleistungen) eine Menge Aufmerksamkeits- und Zeitressourcen? (Der Fieber messende Babyschnuller auf Seite 191 würde hier die volle Punktzahl erhalten, eine Fertigpizza vielleicht acht, ein normaler »Microsoft-PC« null!)

- *Servicefaktor:* Wir gut ist Ihr Service? Wie perfekt sind Ihre unterstützenden Aktivitäten? Wie erreichbar und »einfach handhabbar« sind Sie für den Kunden? Wie freundlich sind Ihre Mitarbeiter und wie kundenorientiert Ihr Call-Center (Zehn Punkte sind in Mitteleuropa hier utopisch; in den USA gibt es sogar Klempner-Franchise-Ketten, die diesen Wert erreichen.)

- *»High-Touch«-Faktor:* Unter »High Touch« verstehen wir »intime, individuelle Nähe zum Kunden«. Also die Art und Weise, wie ein Unternehmen oder Produkt auf individuelle Kundenwünsche eingehen kann, wie nah und emotional es mit seinen Kunden verbunden ist. Service ist hierfür eine Voraussetzung, reicht aber noch nicht aus. Ein hoher High-Touch-Faktor entsteht eher im Luxussektor oder auch in sehr guten Mass-Customizing-Angeboten. (Zehn Punkte: »Dell«, »Ritz Carlton«, der Kleiderhändler »Lands End«.)

Grundsätzlich gilt:

Zehn Punkte = Exorbitant, nicht mehr zu verbessern!

Ein Punkt = Vergessen Sie's oder Faktor hat für Sie keine Bedeutung.

Wenn Sie sich unsicher sind, ob die jeweilige Kategorie etwas mit Ihrem Produkt zu tun hat – lassen sie die Achse einfach weg oder setzen Sie den Wert auf null. Auf jeden Fall sollten Sie am Ende eine Figur erhalten, die ein ganz spezifisches Charakteristikum ihrer Marke / Ihres Produktes preisgibt.

Man kann nun auf vielen verschiedenen Ebenen mit diesem Zukunftstool im Sinne der Future Fitness arbeiten. Es empfehlen sich folgende Schritte:

1. Schritt: *Interne Selbst-Valuierung.* Sie werden merken, dass Sie sich mit Ihren Kollegen nicht immer auf eine konkrete Punktzahl in Bezug auf Ihr eigenes Produkt / Ihre Marke / Ihre Firma einigen können. »Gefühlte« und »gewünschte« Punktzahl klaffen oft auseinander. Doch gerade dies kann ein guter Hebel für eine strategische Zukunftsdiskussion sein! Verteilen Sie die leeren Bewertungsbögen an Ihr Führungsgremium. Achten Sie darauf, dass Sie einen repräsentativen Mix

der verschiedenen Funktionen am Tisch sitzen haben: Vertrieb, Marketing, Marktforschung, Produktion, Geschäftsführung, CEO, Eigner. Dann lassen Sie jeden einzeln das Diagramm ausfüllen.

Sammeln Sie jetzt die ausgefüllten Diagramme ein und ermitteln Sie die Mittelwerte. Sie werden merken, dass es bei einigen Achsen relativ wenig Dissens gibt: Tragen Sie hier einen Mittelwert in das Diagramm ein. Bei den Achsen, die eine starke Differenz aufweisen, müssen Sie eine intensive Kriteriendebatte beginnen. Und mit Hilfe von Schritt zwei und/oder Schritt drei einen Klärungsprozess herbeiführen. Bei diesen Achsen handelt es sich auf jeden Fall um die wunden strategischen Punkte Ihres Konzepts.

2. Schritt: *Vergleichende Analyse des Konkurrenzumfelds.* Bislang haben Sie lediglich Ihr eigenes Unternehmen gemessen. Das sagt eine Menge, aber noch nicht genug aus. Um näher an strategische Zukunftsentscheidungen heranzukommen, müssen Sie nun Ihr Unternehmen im Umfeld betrachten. Nehmen Sie also die wichtigsten Konkurrenten (mindestens drei) und wiederholen Sie die Prozedur. Nun müsste im Vergleich klar werden, wie »future fit« Sie derzeit im Vergleich zu Ihren Konkurrenten sind.

3. Schritt: *Kunden-Valuierung.* Eine gute, aber nicht gerade billige Methode, dem Ganzen eine äußerst solide Datenbasis zu geben (und damit der Zukunftsdiskussion die notwendige Schärfe), ist die Bewertung der Kategorien durch den Kunden. Dazu reichen im Allgemeinen fünf bis zehn gut geführte Kunden-Workshops, bei denen die Kriterien dem Kunden erklärt und diese um Bewertung gebeten werden. Dabei sollten auch die Konkurrenten gemessen werden, auch wenn es wehtut!

4. Schritt: *Die Bestimmung der Zukunftsevolutionsachsen.* Welche Schlüsse lassen sich nun aus diesen Diagrammen für die Zukunft zie-

hen? Dies ist im Detail einem intensiven Workshop vorbehalten und variiert von Marke zu Marke, Branche zu Branche und Produkt zu Produkt. Aber einige Grundregeln lassen sich festschreiben:

• Alle Werte unter sechs sind *tote Zonen*: damit sind sie auf Dauer weg vom Markt.
• Mindestens zwei Achsen sollten in einem Bereich liegen, wo sie zwei Punkte Unterschied zum Konkurrenten ausmachen.
• Mindestens eine Achse sollte einen Wert von zehn aufweisen! Mit anderen Worten: Hier sollten Sie Marktführer sein, und zwar mit Abstand!

Entscheidend ist es nicht, im direkten Vergleich mit dem Konkurrenten einen oder zwei Punkte wettzumachen. Entscheidend ist das, was Sie vom Konkurrenten substanziell unterscheiden kann. Wenn es in den überfüllten Märkten der Zukunft vor allem darum geht, *die Regeln der Märkte neu zu schreiben*, nutzen Ihnen keine graduellen Verbesserungen. »Den Markt überraschen« heißt, dort mit aller Konsequenz eine Zehn zu erringen, wo die Branche bislang überhaupt nicht »hindachte« – wo die Konkurrenten also innerhalb der Todeszone stehen geblieben sind! Sie müssen das Konkurrenzumfeld also genau auf seine Schwächen untersuchen: Wo sind die möglichen Zukunftslücken?

Strategische Zukunftsplanung bedeutet dann, alle Kräfte in einen Sektor zu investieren, der in der Branche bislang wenig Bedeutung hatte – einen »überraschenden Innovationssieg« zu erringen. Etwas drastisch ausgedrückt: Wenn Sie eine Schraubenfabrik sind und im Sektor der Erlebnisqualität die Punktzahl zehn erobern, dann werden Sie die Konkurrenz aushebeln! Unter Garantie!

LERNEN SIE VON DEN TREND-WINNERN!

Denken Sie bei den folgenden Beispielen immer daran: Imitation und Kopie bringt gar nichts, denn schließlich hat sich hier schon eine erfolgreiche Strategie herausgebildet. Lassen Sie sich vielmehr inspirieren, übersetzen Sie die Beispiele auf Ihren eigenen Bereich, »upgraden« oder »downgraden« Sie sie, radikalisieren oder moderieren Sie sie, transportieren Sie sie in ein Nische ... Finden Sie Ihre Zukunftsevolutionslücke!

Die folgenden Marken und Produkte machen Zukunft. Sie sind typisch für »Trend-Winner«, weil sie:

* geschickt und konsequent auf aktiven Konsumententrends »surfen«,
* dabei gleichzeitig ein (bewusstes oder instinktives) strategisches Konzept verfolgen, bei dem sie die Regeln ihrer Branchen von innen heraus neu definieren.

Trend-Winner 1: »Starbucks«, der globale Meister der Kaffeekultur

Vor drei Jahren hätte sich niemand träumen lassen, dass man mit Kaffeekultur Geld verdienen kann. Schon gar nicht mit Kaffeebars. »Tchibo«, »Jacobs«, »Eduscho« waren in Tonnage-Preiskämpfe verwickelt und schenkten Kaffee immer noch auf »gutdeutsch« aus: literweise mit Kaffeesahne. (Bei einem Trendconsulting im Jahr 1998 empfahlen wir einem der großen Röster die Entwicklung einer eigenen Kaffeebarkette. Antwort: Wir sind doch keine Gastronomen! Und mit so was kann man kein Geld verdienen!)

»Starbucks« hat es geschafft. Aus einem hippen Konzept für Espresso-begeisterte Amerikaner, vorangetrieben von dem europhilen Howard Schulz, ist ein weltweit operierendes Franchise-Netzwerk-Unternehmen geworden, das das »Kulturgut Kaffee« weit nach vorne gebracht hat. »Starbucks«, das inzwischen auch auf dem Platz des Himmlischen Friedens eröffnet hat, repräsentiert heute nicht nur eine Lifestyle-Marke, sondern auch ein globales Lebensgefühl.

Die Trends, mit denen »Starbucks« arbeitet, sind mannigfaltig. *Authentic*: »Starbucks« gab es dem Massengesöff Kaffee wieder Herkunft, kulturelle Tiefe. *Neue Connaissance:* »Starbucks« setzte sich

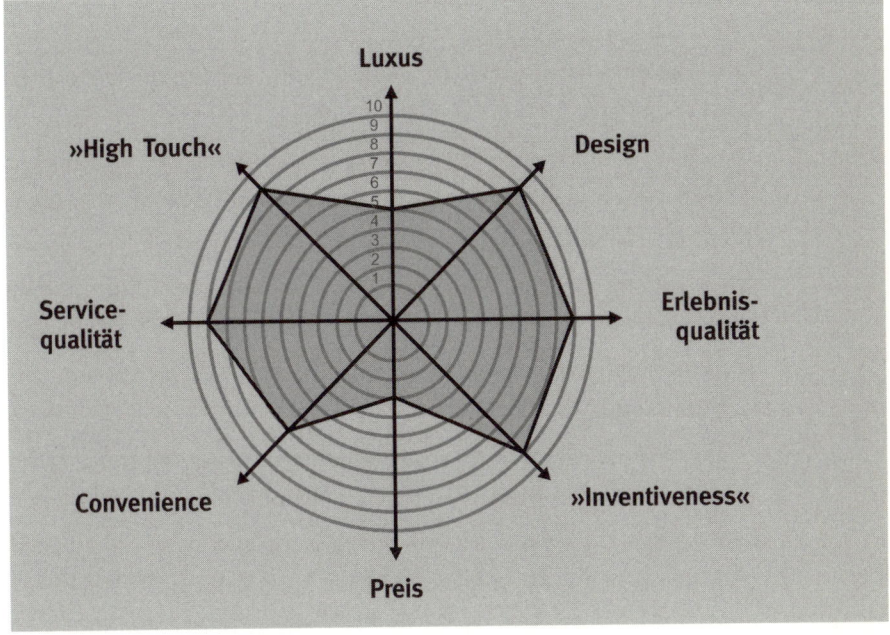

Das Future-Fitness-Diagramm: »Starbucks«

über einen ständig erweiterten Kreis der Wissenden durch, die einen Blue Moon von einer Caramel Katharsis unterscheiden konnten. *Sociotainment:* Sozial setzte »Starbucks« auf den Trend *Clanning/Third Place:* In der global-urbanen Kultur suchen wir immer mehr Plätze, wo wir mit Gleichgesinnt-Toleranten zusammenkommen können. *Cocooning:* Die Einrichtung ist extrem warm und gemütlich. *Intrapreneurship:* eine neue Mitarbeiterkultur, in der es um Stolz, Selbstverantwortung und Spaß an der Arbeit geht. In unserem strategischen Diagramm führt das zu extrem hohen Werten bei »High Touch« – im Sinne von emotionaler Kundennähe.

Trend-Winner 2: »Zara«, die Turbo-Modemacher

Die Modebranche, zumal in Deutschland, gehört zu den echten Loser-Branchen der vergangenen Jahrzehnte. In jenem Sektor, in dem vor 200 Jahren die industrielle Revolution begann, ließ sich bis vor einigen Jahren kaum ein müder Euro verdienen. Die überlebenden Textilunternehmen gerieten unter brutalen Kostendruck, verschoben die Fertigung nach Fernost – und die Qualität sank. Eine brutale Preisspirale war die Folge, mit der Konsequenz einer Vermüllung und Verramschung der Textilläden. In den Läden gab es irgendwann einfach alles. Und das war zu viel.

Die spanische Modekette »Zara« hat durch ein konsequentes *Lean-Speed*-Konzept den Markt von innen aufgerollt. *Lean,* weil in »Zara«-Läden nie mehr als drei Modelle eine Regalwand zieren. Die Läden sind sauber, pur, *basic,* aufgeräumt. Man kann sich auf die Ware konzentrieren, sie *sagt etwas. Speed,* weil »Zara« das Tempo der Modekreation an den wahren Rhythmus der Mode angepasst hat. Mode wird heute auf der Straße spontan kreiert. Nicht mehr vom Textildesigner zwei bis drei Jahre im Voraus bestimmt, wie das heute noch üblich ist in dieser Branche, die eine Lifestyle-Branche sein will.

Mit einem ausgeklügelten Trendscouting und einer ausgeklügelten Just-in-time-Logistik, die auf der Flexibilität kleiner Familienbetriebe in Nordspanien basiert, trifft »Zara« den Geschmack junger Frauen, ohne zu überdrehen oder abzudriften. Alle 14 Tage wird fast die komplette Kollektion ausgetauscht, Ramsch gibt es nicht. »Zara« ist somit das Paradebeispiel für eine Lifestyle-Branche, die sich auf der Höhe ihrer Zeit befindet. Der »Inventiveness«-Wert ist extrem hoch, ebenso Design und Erlebnisqualität!

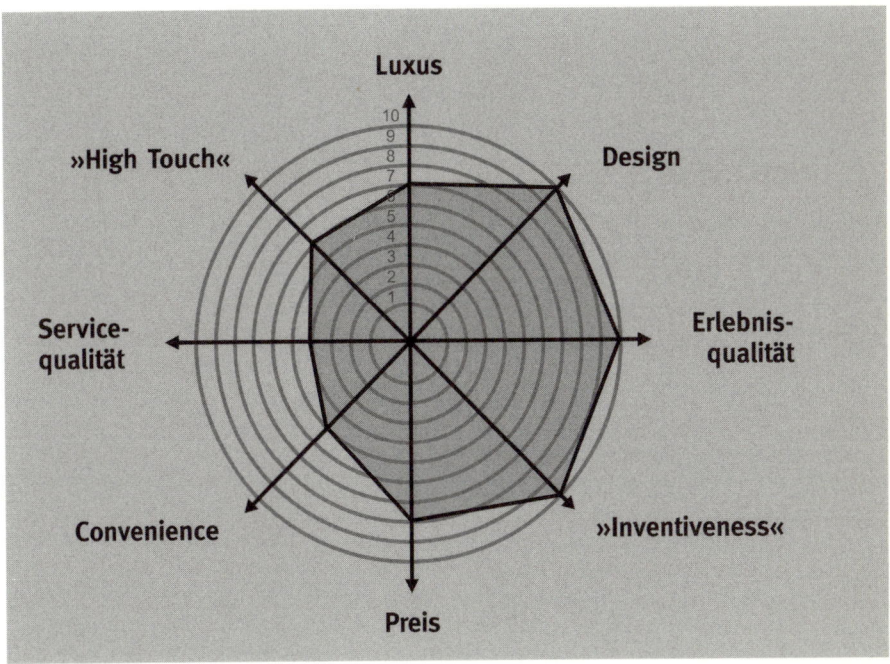

Das Future-Fitness-Diagramm: »Zara«

Trend-Winner 3: »New Balance« für das »Third Age«

Turnschuhe sind ein kultiges Kulturgut: Sie sind hip, das heißt, nur Jugendliche kennen sich aus. Wenn man sie erstehen will, muss man souverän unter 325 verschiedenen Modellen unterscheiden lernen. Wissen Sie, was *supported airstrike-condensed technology in der Ferse* ist?

»New Balance«, eine Laufschuhmarke aus den USA, setzte konsequent auf den Retro-Trend und auf die älteren Zielgruppen. Jugendliche, so die Analyse, nutzen »Sneakers« als Modeschuhe im urbanen Raum – Jogger sind sie nur selten. Die meisten Jogger fangen um die 30 an, sich in Form zu halten, und die meisten Menschen, denen man im Park bei diesem neuen Massensport begegnet, sind um die 40

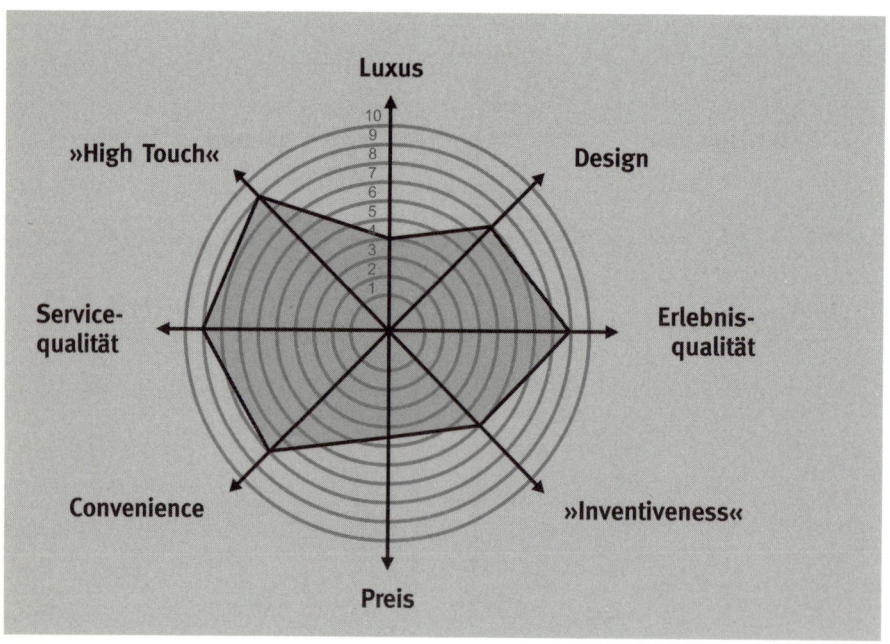

Das Future-Fitness-Diagramm: »New Balance«

»New Balance« konnte in aller Stille (Marketing-Etat 2001: nur 11 Millionen Dollar) seinen Marktanteil auf 11 Prozent verdreifachen (812 Millionen Dollar Umsatz 2001). »New Balance« kauft keine Stars für die Werbung und erzählt auch nicht nur vom großen Gewinnen (eine Botschaft, die »Nike« schließlich eine Menge Unmut einbrachte). Statt auf Life-Entertainment-Mega-Sport-Malls mit wummernden Rap-Bässen nutzt es Orthopädieläden als Outlets – mit Fußmessgeräten. »New-Balance«-Schuhe gibt es nicht nur in verschiedenen Größen, sondern auch in verschiedenen *Längen und Breiten!* Ein massenfähiges Wellness-Convenience-Konzept für *Best Ager* – Meister des Älterwerdens – und alle, die es werden wollen!

Trend-Winner 4: »Nivea«, Sonnen- und Mutterwelt auf Trendkurs

Kaum eine Marke hat in den letzten zehn Jahren so gut Geld verdient und ist so dynamisch gewachsen wie »Nivea«. Daran ist zum guten Teil wahrhaft professionelles Marketing beteiligt: eine ausgeklügelte Markenkernstrategie, nach der jede Kampagne für jedes neue Produkt (es gibt inzwischen über 100 »Nivea«-Produkte) gleichzeitig auf den Markenkern zielt.

»Nivea« surft aber auch auf großen Trendströmen. Die Marke codiert starke emotionale Ansprüche, die derzeit hohe Sehnsuchtswerte verkörpern: Mutter. Sonne. Sommer. Weichheit. Zärtlichkeit. Freundschaft. »Nivea«-Spots erzählen kleine Geschichten aus dem Alltag, die von Kompromissen, ironischen Volten, kleinem Scheitern handeln. In ihnen geht es oft um Schönheit in einem umfassenden Sinn: als Zu-sich-selbst-Finden. Am Ende siegt die seelische Qualität.

Wellness, dieses magische Zauberwort in der Schnittmenge der

Megatrends Individualisierung, Gesundheit und neues Altern, ist der zentrale Wert, auf den dieses Markenkonzept abzielt. Die Werte, die diese Marke Huckepack nimmt, sind typische *soft-individualistische* Werte. Megatrends, zur Marke kristallisiert. Preislich liegt Nivea deutlich unter den Mitbewerbern. Wir geben dieser Marke einen hohen »High-Touch«-Wert, nicht weil sie eine besonders persönliche Dienstleistung anbietet, sondern weil sie für ihre Kunden ein hohes Maß an Wärme und Nähe verkörpert (dieser Wert könnte noch viel höher sein, wenn »Nivea« eigene Studios unterhalten würde, in denen man kosmetisch beraten würde).

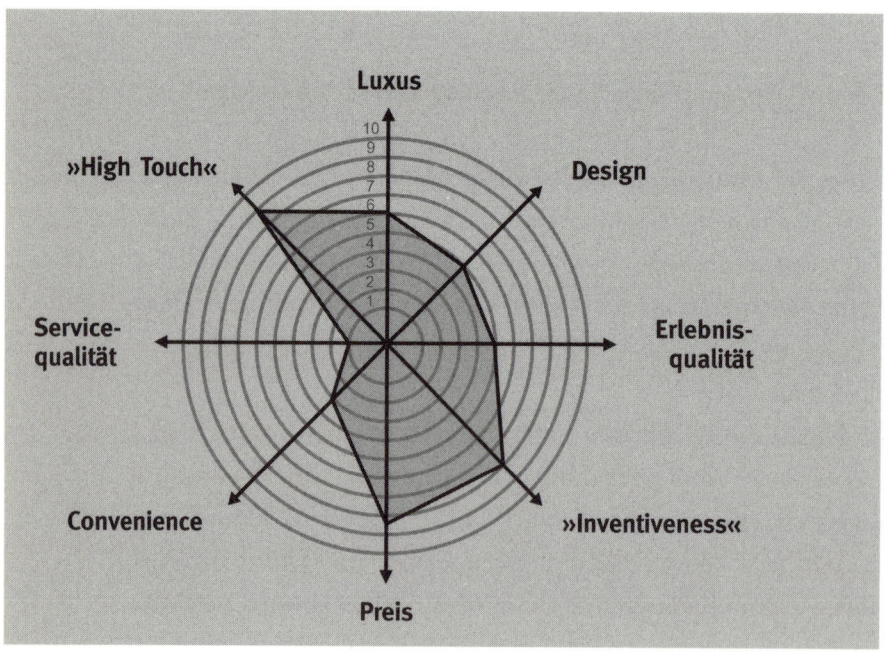

Das Future-Fitness-Diagramm: »Nivea«

Trend-Winner 5: »Ryanair«, der knallharte Billigflieger

Fliegen galt bis vor wenigen Jahren noch als Luxus-Erfahrung, als die Verheißung von Service schlechthin, und alle Fluggesellschaften sprachen die Sprache der Verwöhnung, der Träumerei über den Wolken, der *haute cuisine* im Schmeichelsessel. Stewardessen waren Engel auf 30 000 Fuß, und es wehte dort oben der Duft der großen weiten Welt.

Spätestens seit dem Terror des 11. September, eigentlich schon mit der Sparwelle nach der Privatisierung, hat sich Fliegen als das geoutet, was es überwiegend ist: im überfüllten Bus über den Frankfurter Flughafen gefahren zu werden, zu unverschämten Preisen. (Ich übertreibe. Übertreibe ich?) Erst exakt in einer solchen reifen Marktsituation

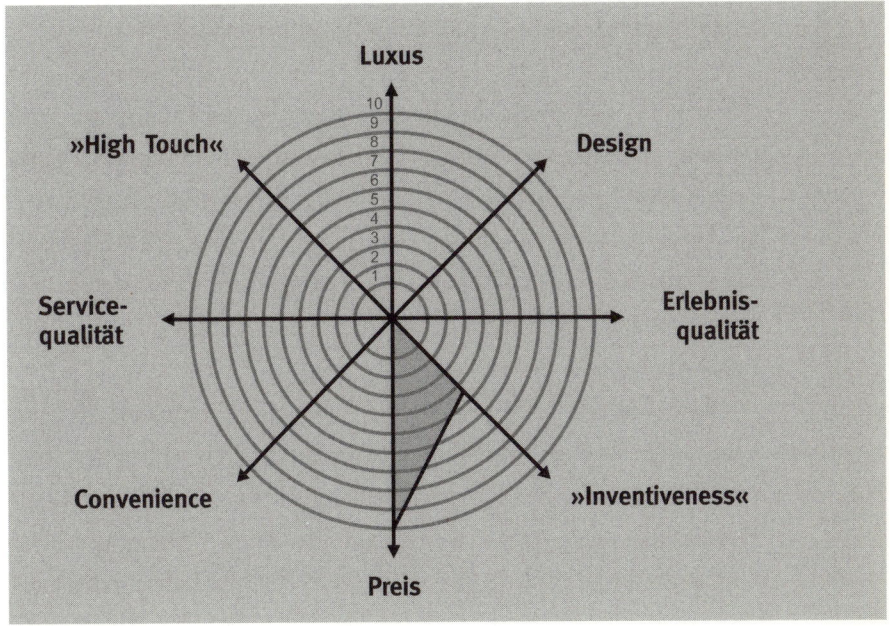

Das Future-Fitness-Diagramm: »Ryanair«

kann man in einer hoch technisierten Haifisch-Branche auf den Cheap-Kult setzen – wenn man einen Riecher für das richtige Timing hat. »Ryanair« hatte. Und konterte mit extremer Simplizität und grausamer Logistik. Das irische Unternehmen brachte den Billigfliegern den Durchbruch in eine rasch expandierende Marktlücke. Sein Verdienst ist auch, dass es den Begriff »no frills« – kein Getue – als neues Mantra des Discount-Sektors durchsetzte. »Aldi« ist nun überall. »Ryanair« ist ein gutes Beispiel für einen »Einachsen-Gewinner«: Auf der Ebene »Preis« ist das Unternehmen nicht zu schlagen, während alle anderen Achsen eher auf null gesetzt sind. Mittelfristig wird dies nicht zum Überleben reichen!

Trend-Winner 6: »Ikea« – Kultstätte für Soft-Individualisten

Können Sie sich noch an jene Zeit erinnern, als Möbelkauf darin bestand, zu Herren in Anzügen zu gehen, die einem dicke Schrankwände »fürs Leben« zeigten? Möbel waren damals lebenslange Urteile. »Ikea« hat in einer langen Rebellionsgeschichte den Möbelkauf zum Erlebnis verwandelt: Der Elch wurde zum Transporteur der neuen, studentischen Mobilitätswelt, die sich schließlich in die *neue Mitte* verwandelte.

»Ikea« war immer stressig, nie bequem. Aber gerade deshalb Kult. Mit großen Massen die Treppe hinauf balancieren, schrauben, basteln, Finger verbiegen – das war gelebte trotzige Antischrankwand-Propaganda. Aber »Ikea« ist trotzdem kein simpler Discounter. Das Unternehmen hat eine klare Kultur, die es als Botschaft mittransportiert. Es hat neben einem Firmenethos gegenüber den Mitarbeitern Witz, Ironie, Moral. *Entdecke die Möglichkeiten!* – dieser satte Satz, mit feiner Ironie vorgebracht, besetzt so ziemlich alles, was mit dem Megatrend Individualisierung zusammenhängt. Gleichheit, Mobilität, Toleranz – diese Werte sind tief in den jungen, aufstrebenden Mittelschichten verankert. »Ikea« traute sich sogar, in der Werbung lustvoll auf dem Bad-Taste-Trend zu surfen. Ein schrilles Paar dekorierte sein ganzes Zimmer mit schrecklichen Blümchenmustern. Stillos? Macht nix! Entdecke die Möglichkeiten! Im Möbelhandel bleibt »Ikea« der Megatrend-Winner, weil das Unternehmen gerade dort extrem stark ist, wo das Gros aller anderen Möbelhändler Schwächen aufweist: bei der Inventiveness, der Erlebnisqualität und natürlich im Preis.

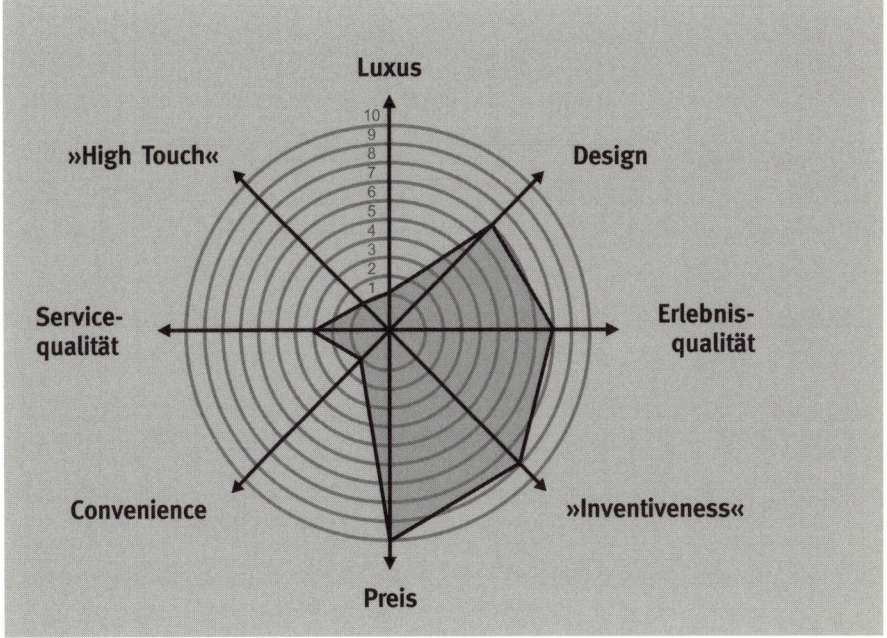

Das Future-Fitness-Diagramm: »Ikea«

Trend-Winner 7: »Dell«, der Prosumer-Logistiker

»Dell«, der Direktlieferant von PCs, der in der Krise wächst, geht noch einige entscheidende Schritte weiter als »Zara«. Die Firma setzt nicht nur auf Schnelligkeit und auf Kunden-Monitoring, sondern dreht die Nachfragerichtung konsequent um. Der Kunde entscheidet im »direct-response«-Verfahren auf der Website. »Wir fragen unsere Kunden direkt, welche Computer sie uns bauen lassen wollen«, so Michael Dell.

»Dell« konnte somit die Kosten für Forschung und Entwicklung, im Computersektor ein enormer Kostenfaktor, herunterfahren. »Dell« hat keine Kosten für Läden – die gibt es nicht. »Dell« ist damit

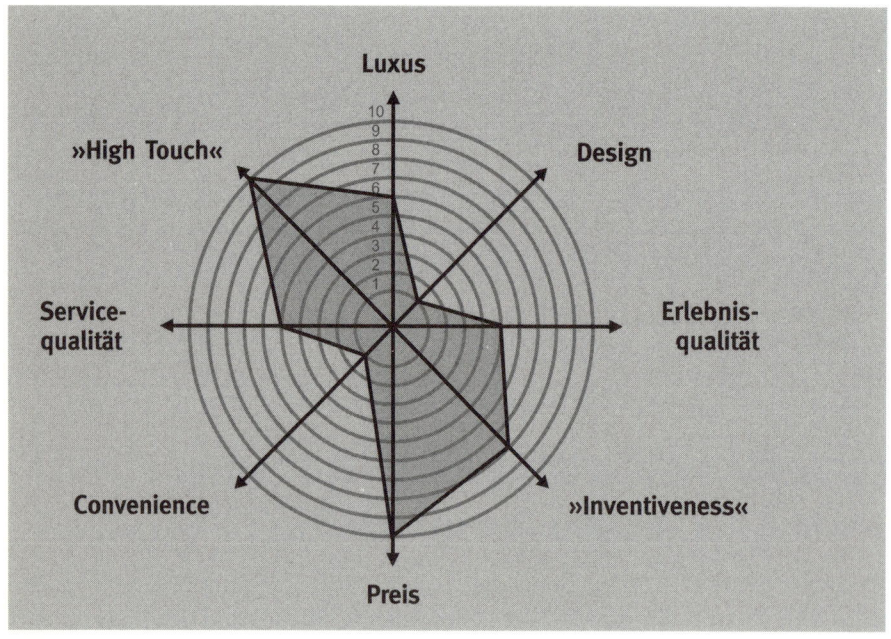

Das Future-Fitness-Diagramm: »Dell Computers«

König des Mass-Customizing-Trends – individualisierte Massenprodukte – *und* des Prosuming-Trends. Denn Kunden sind keine Consumer mehr (also Abnehmer am Ende der langen Wertschöpfungskette), sondern »unmittelbare Nachfrager«. Während die klassischen Logistiker wie »Aldi« oder »WalMart« ihr »Channelling« vertiefen, also ihre Angebotslogistik mit Hilfe großer IT-Investitionen immer breiter und tiefer gestalten, praktiziert »Dell« eine Art »Antichannelling«: Der Kunde selbst wird nun zum Auslöser einer Aktion, und die klassischen, angebotsorientierten (und teuren) Vertriebskanäle werden konsequent de-konstruiert.

»Dells« Zukunftsprofil ähnelt einer Spindel. Aber das Unternehmen ist eben gerade dort stark, wo andere Computeranbieter schwach sind.

ZUKUNFTSSCHLÜSSELZITAT

Michael Dell is too smart to think he's smart enough to predict the future. So he asks his customers about it ...[12]

Trend-Winner 8: »Logitech«, Smart Tech für Spieler

Der Schweizer Tool-Spezialist »Logitech« hat niemals einen Rechner gebaut und ist dennoch auch in der PC-Krise gigantisch gewachsen – auf fast eine Milliarde Dollar Umsatz. Nur mit Tools, elektronischem Spielzeug! Warum? Weil er verstanden hat, dass die Nutzer von PCs graue, langweilige, verkabelte Dinge nicht mögen. »Logitech« brachte die Funkmaus auf den Markt und bietet so ziemlich alles kabellos an, was man sich vorstellen kann.

Der Smart-Tech-Trend: Wir wollen Dinge, die gut in der Hand liegen, eine nette Form haben (Design!) und technische Alltagsnöte beseitigen. Zum Beispiel haben wir alle weder Mäusefinger noch kommen wir besonders gut mit diesen komischen Kürzelalphabeten zurecht, die uns die Entwickler von Organizern beschert haben. Für dieses Problem hat »Logitech« – ein Beispiel unter vielen! – eine weiche Wickel-Tastatur auf den Markt gebracht, in die man seinen Palm einfach einwickeln kann: Die Hülle wird zum Eingabegerät!

»Logitech« schlägt sich im Computersektor sehr gut, weil es, ähnlich wie »Dell«, Lücken besetzt und eine Atmosphäre von Erfindertum, Spaß und Convenience verbreitet.

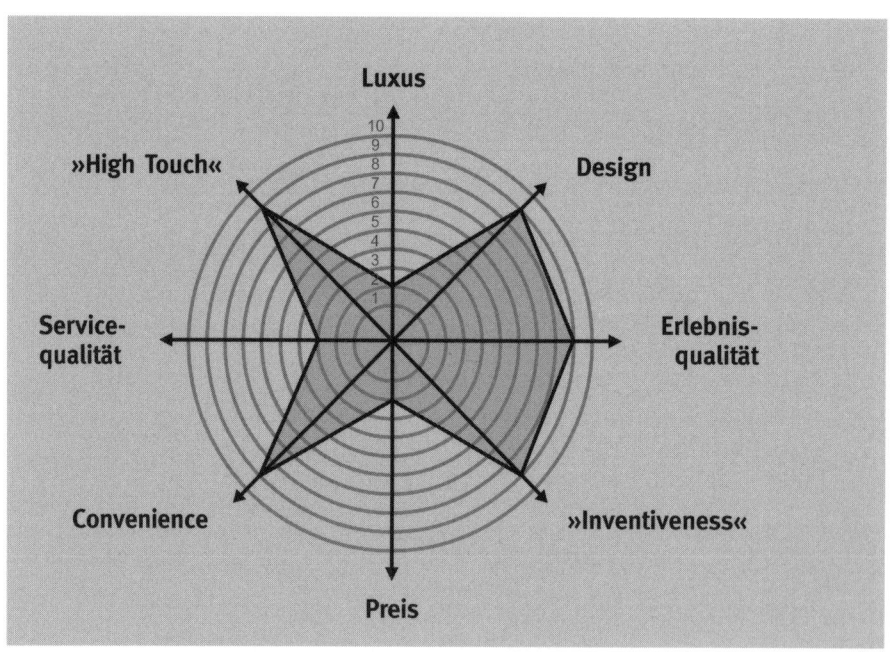

Das Future-Fitness-Diagramm: »Logitech«

Trend-Winner 9: *Brand eins*, der avantgardistisch-authentische Nischenplayer im Zeitschriftenmarkt

Die Welt der Print-Magazine steckt tief in der Krise. Reihenweise werden Blätter eingestellt, nicht nur im Börsensektor. Anzeigenverluste von 30 Prozent sind an der Tagesordnung, und die Print-Krise scheint chronisch zu werden. Ein kleines, aber feines Printobjekt aber trotzt dem Trend. Es hat nicht so viele Anzeigen, dass es massiv welche verlieren könnte. Sein Layout ist so trocken, die Texte so stur gesetzt, meilenlang und klug, dass nur Genies und Verrückte das Blatt überhaupt lesen können, ohne Kopfweh zu bekommen. *Brand eins* hütet das geistige Erbe der New Economy, handelt von Selbst-Unterneh-

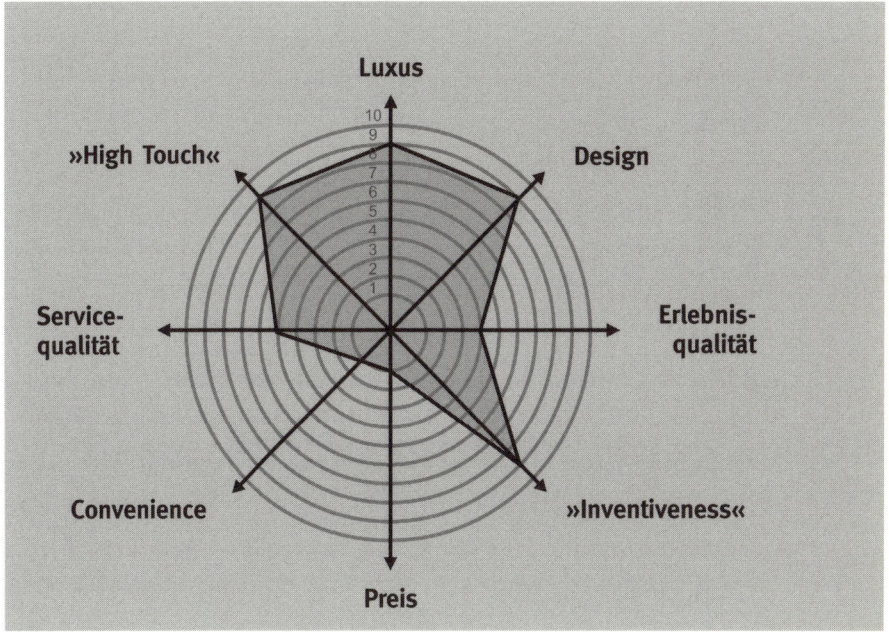

Das Future-Fitness-Diagramm: »Brand eins«

mern und Ich-AGs, melancholischen Einzelhändlern, innovativen Spinnern und Betonhändlern, die in Kasachstan ihr ökonomisches Glück gefunden haben. *Brand eins* macht aus Unternehmensgeschichten philosophische Traktate und versöhnt die Welt des Geistes mit der Welt der Ökonomie. Selbst wenn es eines Tages ökonomisch scheitern sollte, ist das nicht dramatisch. Denn gute Ideen werden immer wiedergeboren. Gute Leute finden überall eine Mission. Eine der erhabenen Parolen von *Brand eins* lautet »Schöner Scheitern« (siehe letztes Kapitel)!

Trend-Winner 10: Nils Peter Moormann, der avantgardistisch-authentische Nischenplayer im Möbeldesign

Nils Holger Moormann ist ein guter Bekannter von mir, und deshalb ist meine Lobpreisung an dieser Stelle nicht unbedingt objektiv. Er ist seines Zeichens Designer, Möbelverleger, Wanderer zwischen den Welten. Er designt in nur einem Stil: Zen-Funktionsminimalismus. Seine Möbel sehen irgendwie nach »Nichts« aus, Shaker-Design wirkt dagegen wie Blümchenornament. Aber sie haben alle eine unglaubliche funktionale Petitesse, einen konstruktiven »Dreh«, der über sich selbst hinausweist. Moormann ist *Der Gott der kleinen Dinge*. Er hat zum Beispiel einen Kerzenleuchter im Programm, in den a) alle Kerzenformate passen, b) in dem keine Kerze kleckert und c) mit dem man die Kerze in bequemer Armhöhe anzünden kann. Ich habe eine Regalleiter von ihm, die gleichzeitig ein Stuhl ist. Sein Bestseller ist ein Regal, das sich selbst hält, ohne eine Schraube. Steht einfach so da. Er hat aber auch ein schiefes Regal im Angebot, das ein Bestseller ist. (www.moormann.de).

Was das mit Trend-Erfolgen zu tun hat? Eine Menge. Moormann hat in der Saison 2001/2002, als der Möbelhandel in Deutschland in eine nächste, fast letale Krise fiel, seinen Umsatz verdoppelt. Moormann ist ein »Clanning«- und »Clubbing«-Spezialist. Einmal im Jahr, im Herbst, feiert er in seinem barocken bayerischen Domizil ein riesiges Fest mit seinen Designern, den »Almrausch«. Dorthin lädt er seine Freunde ein. Designer, Künstler, Eigenbrötler. Aus Belgien, Buxtehude und Bayern. Dort werden die meisten der Ideen geboren, die dann zu kleinen und mittleren Möbelserien werden.

Moormann ist eine zukunftssichere Mischung aus 17. und 22. Jahrhundert. Ein Networker, eine Ich-AG mit Freundlichkeit, ein High-Tech-Bergbauer, der numerisch gesteuerte Aluminiumfräsen

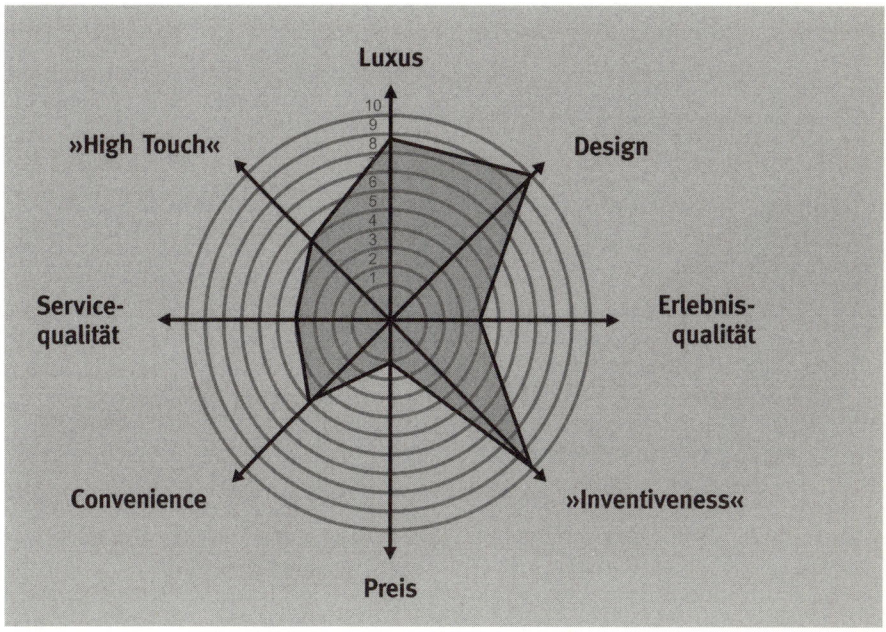

Das Future-Fitness-Diagramm: »Moormann Möbel«

liebt. Er kann mit Computern nichts anfangen, ist aber trotzdem geistig mehr als online. Einmal im Jahr reist er in die gottverlassenste Gegend des Planeten und fährt zwei Monate *Liegefahrrad*. Neufundland. Oder die Atacama-Wüste. Er hat einen wunderschönen Oldtimer in seiner Garage aus echtem Berglärchenholz stehen, einen verschwiegenen Weinkeller und keine Familie. Das Urteil lautet: total out. Nicht im Trend. Null. Und eben deshalb: *ganz vorne!*

DESIGN THE WORLD

Der Gegenstand, den Sie hier abgebildet sehen, ist der Schlüssel zu einem Faktor in unserem Evolutionsrad, der oft unterschätzt wird und in Zukunft eine besonders herausragende Rolle spielen wird: die magische Kraft des Designs.

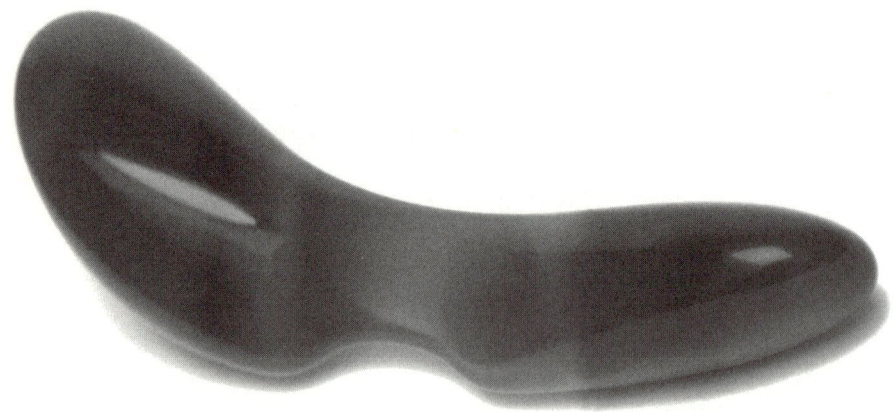

»Bone« von Tom Dixon: Design zum puren Lustgenuss ...

Es ist, wie sich allerdings schwer ersehen lässt, ein Vibrator (für Interessenten: www.myla.co.uk, ca. 300 Euro inkl. Versand, Achtung, Warteliste!). Allein die Verpackung ist so wunderschön erotisch, dass man einen Extrapreis dafür ausloben könnte. Samt und Seide, sanft parfümiert …

»Wer kauft so etwas?«, werden Sie fragen. Nun: Frauen. Frauen, die Lust auf Sex-Toys haben (das sind viel mehr, als wir denken; auch der »Beate-Uhse«-Konzern hat dies verstanden), aber nie im Leben in einen schmuddeligen Sexladen gehen würden. Und mutige Männer. Für ihre Frauen. Und für sich selbst und ihre Frauen.

Den entscheidenden Unterschied kann man natürlich nur würdigen, wenn man sich einmal ähnliche »Toys« in einem »normalen« Sexshop angesehen hat. Ersparen wir uns die Details. Dieses Objekt hingegen kann man auf dem »de-Sede«-Sofa vergessen, der Nachbar würde sich über den schönen Kunstgegenstand wundern.

Wichtiger als die äußere Form ist aber – und hier wird es dann doch detailliert-heikel – die *Ergonomie* des Objekts. Tom Dixon – ein Londoner Design-Multitalent, er zeichnet für das Programm der Designmöbel-Kette »habitat« verantwortlich – hat nicht nur unter ästhetischen Gesichtspunkten gestaltet, sondern ging von der weiblichen G-Punkt-Anatomie aus. Damit hat er den Gegenstand »Vibrator« radikal *transzendiert*: Er hat ihn von einer schlechten und letztlich *unfunktionalen* Kopie des männlichen Gliedes zu einem echten Lustobjekt für Frauen gemacht!

Hier verläuft die feine, aber entscheidende Linie zwischen wirklichem Design und bloßer Oberfläche. Design, das war noch vor zwei Jahrzehnten eher ein *Oberflächen-Gag*. Ich erinnere mich noch an unsere Zitronenpresse von Phillip Starck, die jahrelang sinnlos, aber elegant in der Küche herumstand und mit zuckersüßer Divenstimme sagte: »Ich bin schön, aber Zitronen mag ich nicht …« (Wir hatten einmal einige schöne Monate den Wasserkessel »Dicke Bertha« adoptiert, ebenfalls von Philipp Starck. Man konnte den Kessel in einer Art Untergriff an dem riesigen kanonenrohrähnlichen Henkel schwenken, der gleichzeitig auch der Wassereinlass war. Geniale Konstruktion. Nachdem wir uns etwa zehnmal die Finger verbrüht hatten, ließ ich Bertha einmal aus Versehen – nun ja – auf der heißen Herdplatte stehen. Sie explodierte, wie ihr Name verhieß – der herausdonnernde Kanonenstöpsel zerstörte eine Gläserreihe und hinterließ Schmauchspuren an der Küchenwand …)

Gutes Design sieht nicht nur besser aus. Es eröffnet eine neue Sicht auf die Dinge.

NÜTZLICHE ZUKUNFTSFORMEL

Gutes Design beamt die Dinge in die Zukunft.

In einer Welt der überfüllten Märkte ist Funktion *Voraussetzung*. Auch Qualität ist etwas, was der Kunde als Selbstverständlichkeit ansieht. Damit haben wir Tausende von Gegenständen, die sich in ihren Wirkweisen nicht unterscheiden. Und sind gelangweilt!

Design definiert den Unterschied!

Dinge erzählen uns Geschichten. Spätestens seit dem berühmten Rohrschach-Test, der Mutter unzähliger Bildwitzchen, wissen wir, dass *alles uns an etwas erinnert*. Weil wir physische Wesen sind, die vor allem aus ihrem Gedächtnis für Texturen, Formen, Farben, aus ihrem *räumlichen Kleinhirn* leben. Das virtuelle Wohnzimmer wird aus die-

sem Grund eine Phantasmagorie bleiben. *Wir wollen es in Atomen!*
Wir wollen es anfassen, riechen und schmecken können!

Wir sind Formblütler.

Dieser Babyschnuller sieht aus wie ein normaler Babyschnuller.
Aber Achtung! Er ist ein Fieberthermometer! Wer hat schon einmal
versucht, einem schreienden fiebrigen Baby Fieber zu messen? *Das* ist
Design!

Das Babythermometer

Im Design, nicht in der Technologie selbst, werden sich die großen Durchbrüche der nächsten Jahre abspielen. Aber Design meint eben nicht die Formgebung, sondern *die genuine Idee des Gegenstandes – oder eines Konzepts*. Warum muss ein Fernseher immer ein unbewegliches Trumm sein, das mein Zimmer mit irrwitzig viel Materie verseucht (selbst die eleganten, superteuren Flatscreens wiegen 80 Kilo und brummen).

»Dat Backhus«

Und warum müssen Bäckereien immer mit Fachwerk und rustikaler Eiche ausgestattet sein, statt, wie in Hamburg, »Dat Backhus«?

Im Design wachsen die Dinge des Alltags über sich hinaus. Allerdings nur da, wo der ganze Gegenstand von seiner Form *und* Funktion durchdrungen ist (also dann, wenn Sie nicht mehr entscheiden können, ob »form follows function« stimmt oder das Gegenteil!).

- Das ist der Grund, weshalb Weine mit schönen, eleganten, modernen, coolen Etiketten einfach *besser schmecken!*
- Das ist der Grund, warum ein Unternehmen wie »Vitra« inzwischen ein lebendiger Mythos ist. (Der »Bellini«-Bürostuhl! Der einzige, der nicht an einen Bürostuhl erinnert!)
- Das ist der Grund, warum Menschen in der Garage für ihren alten »Mercedes 500« ihre Lebenszeit opfern. Und dass wir uns an »Subaru« und »Kias«[13] irgendwie nicht erinnern können.

Design macht aus Dingen lebendige Erzählungen. Es erweckt sie zu Evolutionen. Mit dem Zauberstab des Designs kann man alt gewordene Produkte oder muffige Marken wieder beleben. Das neue Techno-Design der Firma »Knirps« macht aus Klappschirmen Edelgegenstände. Das neue Ladendesign von »Beate Uhse«, zuerst in Norwegen ausgetestet (acht Prozent der Kunden sind Frauen!), transzendiert den alten, schmuddeligen Männersexshop zur Lust-Boutique.

Dabei ist Design mehr und mehr mit dem Begriff »Philosophie« verbunden, denn Design greift tief in die Seele eines Produkts oder einer Marke, in Produktionsweisen und »Missionen« der Unternehmen ein. Der Aufstieg und Fall der fernöstlichen Autoindustrie macht dies deutlich: Die Japaner und Koreaner konnten die europäische und amerikanische Autoindustrie zwar auf der Ebene der Produktivität meilenweit schlagen – sie machten einfach alles billiger, schneller und perfekter! Sie konnten aber nie einen »Saab«, einen »BMW«, einen englischen Sportwagen entwickeln. Nicht, weil sie keine guten Designer einkaufen können, die ein ordentliches Blechkleid schaffen (sie können sich sogar die Allerteuersten leisten). Aber sie *gehen an Autos von der anderen Seite heran: vom produktionstechnischen Standpunkt.*

Autos erzählen: vom Wind. Von Kraft, Stärke. Von (meist) männlichem Cocooning. Von technischer Erotik.

Form ist erlöste Komplexität, wenn uns ein Gegenstand eine Geschichte erzählt, in der seine technischen Funktionen enthalten sind, die aber über das Funktionale hinausweist in eine utopische, *smarte* Zukunft.

Design ist deshalb mehr als ein Ornament, ein Detail einer Marketing- oder Marktstrategie. Design ist, richtig verstanden, der Zeit-Pfeil, auf dem die Zukunft entsteht. Designen heißt: Zukunft erschaffen!

FUTURE FITNESS ODER SO WERDEN SIE ZUM ZUKUNFTSSTRATEGEN

Setzen wir also das Puzzle zusammen. Future Fitness basiert zuallererst auf einer mentalen, nach vorne, ins offene Werden gerichteten Haltung. Sie ist, zweitens, durch unsere Fähigkeit definiert, die Wandlungsprozesse unserer Zeit zu orten, zu verstehen und zu kartographieren. Drittens müssen wir in der Lage sein, daraus Schlüsse zu ziehen und uns (unser Produkt, unser Projekt, unsere Marke) auf den Trendlinien neu zu verorten und zu positionieren.

In diesem vierten Kapitel möchte ich nun den Kreis schließen. Es geht darum, wie wir uns selbst, als Individuen, auf der Folie einer veränderten Welt, der Wissensgesellschaft, zu mehr Future Fitness wandeln können. Wie wir unsere Firmen »konfigurieren« sollten, um die Herausforderung Zukunft besser zu bestehen. In aller Gelassenheit und mit der nötigen Ruhe.

SETZEN SIE AUF DAS NETWORKING-PRINZIP

Als meine Großmutter vor einigen Jahren starb, erbte ich ihr grünes Telefonregister. Ein in grünen Samt eingefasstes Lederbuch im A4-Format, das ein Leben lang immer neben dem grauen Wählscheiben-Telefon im Flur lag. Darin befanden sich etwa vierzig Telefonnummern und ebenso viele Adressen. Verwandte: Tanten, Onkel, Cousinen, die meisten in der unmittelbaren Umgebung.

Das Büchlein war im Januar 1950 gekauft, was ein Kassenbon verriet, der sich in einem mit einem dünnen Gummiband zusammengehaltenen kleinen Stapel von ausgerissenen Zeitungsnotizen, Rezepten und zittrigen Zetteln mit Kontonummern im hinteren Teil des Büchleins fand. Keine Anschrift, keine Telefonnummer war ausradiert, nur einige mit Bleistift-Sütterlin korrigiert. Vierzig Namen, die ein 86-jähriges Leben beschrieben, eine Biographie. Eine Biographie, die von Verlässlichkeit, Bedächtigkeit und lebenslanger Treue geprägt war.

Dagegen bin ich der Inbegriff von Untreue und Unverbindlichkeit.

In meinem elektronischen Palm tummeln sich derzeit 671 Adressdateien, wobei nur noch etwa ein Drittel aller Telefonnummern stimmen. In meinem E-Mail-System haben sich inzwischen 1768 Mailadressen eingenistet, die ebenfalls von zweifelhafter Aktualität sind. Mein Browser verfügt derzeit über 612 »favorites«. Aber beim Aufruf der Hälfte von ihnen steht ein »site not found« auf dem Bildschirm.

Ich bekenne: Ich bin ein passionierter Netzwerker.

Netzwerker sind ziemlich treulose Leute – scheinbar. Ihr Leben, ihre soziale Struktur basiert nicht auf den Kontinuitäten von Verwandschaften. Gewiss, sie haben lebenslange Freundschaften (deren Telefonnummern finden sich noch nicht mal im Palm oder E-Mail-Verzeichnis; die kennen sie einfach auswendig). Aber bis auf zwei, drei Dauerbeziehungen vergessen sie Bezüge, Bekanntschaften und Links ziemlich schnell, wenn sie nicht mehr in ihren »Lebensset« passen.

Netzwerker arbeiten auf der Basis von Beziehungen, nicht von »Bindungen«. Sie neigen nicht zu allzu nachhaltigen Ritualen: Sie treffen sich im Allgemeinen nicht noch drei Jahre nach der Firmenpleite mit den ehemaligen Kollegen jeden Samstag in der Eckkneipe. Aber sie speichern und aktualisieren ihre Telefonnummern und E-Mail-Adressen! Sie brechen auf, wenn sich die Richtung des Lebens ändert und eine andere Stadt oder ein anderes Leben locken.

Networking basiert auf Sozialisationsprägungen, die im späten Pubertätsalter erfahren werden. In diesem Alter ersetzt die Clique, der Freundeskreis die verwandtschaftlichen Bindungen zu Onkel Heinrich und Tante Jasmine, die man zwar nicht aufkündigen, aber zumindest hartnäckig ignorieren kann. Es geht mit dem filigranen Spinnenetz der Uni- und Reisebekanntschaften weiter, den verlorenen Liebschaften und deren Bekannten und Verwandten, den »Kumpels« aus der wilden Zeit. Und dann explodiert das Soziotop des Netzwerkers in jene drei, vier, fünf Karriereversuche, die wir im Laufe unseres Lebens im Durchschnitt unternehmen. Jeder dieser Versuche hinterlässt eine Kohorte von Ko-Networkern, einen »Schwarm«, dessen Abdruck sich in den flüchtigen Bits und Bytes unserer Organizer und »Outlook«-Kalender ablagert.

In meinem filigranen Netz aus Daten und Telefonnummern finden sich wunderbare Blüten, die eines Tages wieder erblühen werden, da bin ich ziemlich sicher: Freunde, die nach Amerika ausgewandert sind und dort sechs Kinder bekommen haben (eigentlich wollte ich sie immer besuchen – aber sechs Kinder?). Verflossene, mit denen ich irgendwann einmal wieder schwere Gespräche bei schwerem Wein führen möchte. Mütter von Verflossenen, mit denen ich bisweilen eine intensivere Beziehung hatte als mit den Verflossenen selbst. Ärzte, die noch meine Röntgenbefunde aufbewahren (sollte das nicht alles längst digitalisiert in einem Chip unter meiner Hautoberfläche gespeichert sein?). Und unendlich viele Damals-und-irgendwann-vielleicht-wieder-Geschäftspartner.

Wie weit kann Networking gehen? John Brunner, einer der Altmeister der Science-Fiction-Literatur, hat in seinem Werk *Der Schockwellenreiter* in den 70er Jahren einen »Umstöpsel-Lebensstil« beschrieben, in dem Menschen derart »haltlos« sind, dass sie sich jeden Monat neu erfinden müssen. So weit wird es nicht kommen, denn wir sind alle soziale Wesen. Networking ist hier ein historischer Kompromiss, eine angemessene Antwort auf die Sehnsucht (und den Zwang) nach mehr Flexibilität und Mobilität, der die Notwendigkeit von Kontinuität und Bindung gegenübersteht. Networking ist »Flexicurity«.

Privates und Berufliches sind für echte Networker in einer eigentümlichen Gemengelage vereint. In meinen Adressen finden sich merkwürdige Qualifikationen: »Hat Ahnung von Systemtheorie«, »Kennt sich im Bäckerei-Bereich aus«, »Kennt B. vom Industriellenverband«, »Hat mal mit F. eine Beziehung gehabt«. Networking sagt viel mehr über die Veränderung unserer sozialen und unserer Business-Welt aus als alle Sozialtheorien zusammen. Es ist die Grundlage für das neue Gefüge der Arbeit und des Privaten. Es ist die Basis für eine selbstbestimmte Arbeitsmoral, in der ich weiß, dass ich »auch andere Optionen« habe. Networking ist eine Metapher für die soziale Selbst-Organisation im Zeitalter des Individuums, der »Ich-AG«. Und nebenbei auch eine Hoffnung, dass wir unseren Partnern nicht mit Einsamkeitsängsten (und dann im Alter durch depressive Einsamkeit) auf die Nerven gehen.

Das Leben ist ein Deal. Auf immer mehr unterschiedlichen Ebenen. Und diese Deals muss man sehr ernst nehmen!

NÜTZLICHE ZUKUNFTSFORMEL

Zukunftserfolg = Networking + Eigensinn + Kreativität

Einige wichtige Grundregeln des Networkings:

- *Seien Sie ein Gebender:* Networking bedeutet »altruistischer Egoismus«: Ich muss den anderen fördern, um etwas von ihm zu haben. *Die Bedürfnisse des anderen erkennen und befriedigen, um die eigenen Bedürfnisse zu erfüllen.* Und es ist selbst dann klug ihn zu fördern, wenn er auf demselben Markt auftritt wie ich. Märkte in Netzwerken sind wie Ackerlandschaften, die wir gemeinsam in Kulturlandschaften verändern können – zum gegenseitigen Nutzen.

- *Bieten Sie »Content«:* Im Leben des Networkers geht es zu wie im WWW: Im Web konfiguriert allein der *Zugang* Win-Win-Situationen. Wenn ich meinen Content, meinen Inhalt, mit anderen teile, steigt die Anzahl der Netzknotenpunkte und Verbindungen exponentiell – und erhöht den Nutzen für alle Beteiligten. Deshalb gilt: Stellen Sie großzügig Informationen zu Verfügung! Vergessen Sie die alte Prämisse, nach der man die wichtigsten »Connections« und »Betriebsgeheimnisse« für sich behalten muss.

- *Beamen Sie nicht Ihre Daten:* An den meisten Organizern gibt es die wunderschöne Beamer-Funktion – mit einem Knopfdruck übertragen Sie Ihre persönliche Visitenkarte in elektronischer Form an den Organizer des Gegenüber. Tun Sie's lieber nicht! Das ist ein Verlegenheits-Angeber-Tool, das meistens signalisieren soll: *Geben Sie mir Ihre blöden Telefonnummern, aber benutzen werde ich sie sowieso nicht!* Voraussetzung soliden Networkings ist eine *diskrete Selektion* der Kontakte.

- *Löschen Sie nicht zu früh:* Ich habe mich schon hundertmal über mein antiquiertes analoges Säuberungsbedürfnis geärgert: Ich neige dazu, »tabula rasa« zu machen und »Kontakte« (so heißt das klugerweise in elektronischen Organizern) zu löschen, wenn ich sie längere Zeit nicht benutzt habe. Ganz falsch! Das Leben macht Umwege, und die Vergessenen kehren alsbald als Wichtige zurück!

INVESTIEREN SIE IN DIE ICH & CO. AG

Das hier ist Dr. Dr. Dr. Smith aus Ashland, Virginia. Greg Smith mit Vater Bob und Mutter Janet. Greg Smith ist 13 Jahre alt. Also: Er ist noch kein Doktor, weil man das mit 13 nicht sein *darf.* Aber wenn er 18 ist, wird er drei Doktortitel haben. Er ist Mathematiker, aber auch Physiker. Als er in die Grundschule kam, konnte er alle vier Grundrechenarten und las Jules Verne. Mit fünf wusste er, dass es keinen Weihnachtsmann gibt, schließlich gab es zu diesem Thema Sekundärliteratur [...] Mit elf hatte er Einstein begriffen [...][1]

Nicht jeder von uns ist ein Genie. Und deshalb können wir Mr. Smith gleich wieder vergessen. Er ist zwar ein gutes Beispiel für eine Ich-AG, in die man tatsächlich Geld investieren könnte (mit einem guten *return of investment*). Doch leider – oder gottlob – sind wir nicht alle vorgeburtlich in den großen Zaubertrank der Intelligenz gefallen.

Aber jeder von uns ist ein *Talent!*

Ich-AG ist inzwischen ein ähnlich geschundener Begriff wie »Trend«. Ursprünglich aus der amerikanischen New-Economy-Welt stammend (»Free Agents« und »Me-Inc«), wurde der Begriff inzwischen eher im Sinne eines tapferen Einzelkämpfer-Daseins uminterpretiert; Ich-AGler sind, seit dem Hartz-Konzept, eine Art Billigfluglinie der Einzelselbständigen. Fakt aber ist: *Wir werden in unserem Job nicht mehr alt.* Und wenn wir doch in unserem Job alt werden, dann werden wir mit der Währung des Einkommensverlusts dafür

Die Ich-AG, Abteilung Genies, Dr. Dr. Dr. Smith aus Ashland,
Virginia

bezahlen! Und mit entsetzlicher Langeweile. (Vielleicht auch, im
Beamtenstatus, mit mehr oder minder unverhohlener sozialer Ächt-
tung.)

NÜTZLICHE ZUKUNFTSFORMEL

Lebenslanger Job = geringes Einkommen + Langeweile

Der lebenslange Job ist wie eine Versicherungspolice, bei der die Hälfte des Gesamteinkommens uns ständig abgezogen wird. Nein, wir werden in unseren Jobs nicht alt. Schon deshalb nicht, weil die Firmen, in denen wir arbeiten, unentwegt zerteilt/gemergt/aufgekauft/umgepflügt werden. Selbst wenn wir Jahrzehnte in der Firma mit demselben Firmenlogo arbeiten, arbeiten wir längst nicht mehr in derselben Firma!

NÜTZLICHE ZUKUNFTSFORMEL

Wenn Ihre Firma heute genauso sicher wie gestern ist, ist sie pleite!

Daran sollten wir uns gewöhnen – schnell! Unsere Kultur ist aber bis tief in unser Wertesystem, bis ins letzte Molekül unserer Konventionen und die oberste Denkfalte unseres kreditzuständigen Bankbeamten auf *Arbeitsplatzgesellschaft* programmiert. Arbeitsplätze sind für uns so etwas wie Bäume. Oder Wasser. Sie sind einfach da. Für uns reserviert, und zwar immer in der Anzahl die dem arbeitswilligen Bevölkerungsanteil entspricht. (Wenn nicht, gehen wir uns bei der Regierung beschweren!)

- *Aber können wir das denn überhaupt, dauernd den Arbeitsplatz wechseln?*
- *Und was ist mit denen, die nicht mitkommen?*
- *Gehen wir nicht in eine »neue Haltlosigkeit«, in eine »drifting society«?*

Nein. Wir werden nicht dauernd den »Arbeitsplatz« wechseln. Schon allein deshalb nicht, weil die Firmen von morgen ein handfestes Interesse daran haben, unsere Fähigkeiten und unser Engagement im Unternehmen zu halten – die »human resource« steht im Zentrum der kommenden Märkte. Schon gar nicht sind wir wackere Einzelkämpfer, die es ganz allein schaffen werden. Zur »Ich-GmbH« kommt immer die »Co. KG«. Was wir aber können, ist, einen eigenen roten Faden in unsere Arbeitsbiographie zu bekommen, die unabhängig von »Plätzen« funktioniert. Wir können eine »flüssigere« Lebensgestaltung erlernen, in der wir die durchlässigen Grenzen zwischen Arbeit und Privatem nutzen, vom Standbein aufs Spielbein wechseln, wenn es nötig ist, abhängige und selbständige Erwerbsarbeit ergänzen. Wir können *Selbst-Management* erlernen, sprich: in unser Talent (nicht unser Genie) systematisch und geplant investieren.

Jugendstudien der jüngsten Zeit sprechen von den »Egotaktikern« der jungen Generation. Der Zukunftsforscher Andreas Giger spricht von »Lebensgestaltern«. Hier handelt es sich um nichts anderes als die Weiterentwicklung des Networking in jene Sozialtechniken hinein, die wir in der Lebenswelt von morgen gut gebrauchen können.

Unternehmen fordern heute genau solche Eigenschaften – haben aber gleichzeitig heillose Angst vor ihnen. Dabei handelt es sich beim Lebensgestalter um einen kollegialen, einen autonomen, aber nicht bindungslosen Menschentypus. Mit solchen »Typen« umzugehen,

ERLEUCHTENDES ZUKUNFTSZITAT:

Lebensgestalter haben sehr unterschiedliche Biographien, teilen jedoch Selbstbild, Grundwerte und Mentalität. Menschen, die ihr Leben in die eigenen Hände nehmen – das war und ist der Identitäts-Kern von Lebensgestaltern; sein Leben gleichsam als Unternehmer zu betrachten. Und es nach den eigenen Wert- und Zielvorstellungen nicht nur zu managen, sondern zu gestalten [...]
Als Lebensgestalter muss ich Chancen ergreifen, wo sie sich bieten, und entsprechend flexibel und wandlungsfähig sein. Als Lebensgestalter kann ich immer wieder aufs Neue entscheiden, was ich wirklich will und welche Ziele mir wichtig sind. Als Lebensgestalter trage ich nicht nur die Verantwortung für eine klar abgegrenzte Abteilung, ich muss vielmehr das Ganze im Auge behalten und dabei schnell von einem Lebensbereich zum anderen und von einer Lebensphase zur nächsten wechseln können [...][2]

kann durchaus auch langfristige Bindung und langfristiges »Commitment« bedeuten. Der Management-Coach Bruce Tulgan formuliert es so:

ERLEUCHTENDES ZUKUNFTSZITAT

Lebenslange Beschäftigung, diese Idee liegt auf dem Totenbett. Aber für Unternehmen, die sich neu erfinden, die sich verwandeln in fluide und flexible Organisationen, für die gilt: Lang lebe lebenslange Beschäftigung![3]

Wie man sein Portfolio erfindet

Finden Sie heraus, was Sie wirklich wollen. Das ist das Schwierigste. Das geht schon bei 16-jährigen nicht. Auch 20-jährige haben meist keine Ahnung, wo sie im Leben hinwollen. 28-jährige erst recht nicht, sie probieren einfach alles aus ... Dann passiert irgendwie ein Unfall ... und man landet in einem Job und mit drei Kindern in Düsseldorf oder Traben-Trarbach ... danach ist es zu spät, sich darüber Gedanken zu machen.

Hier ist die eigentliche Achillesferse und der erste Grund, warum »portfolio work« noch so utopisch klingt: Wir wissen einfach nicht, was wir wollen (können)! Niemand hat uns beigebracht, uns selbst zu erkunden. Ist das nicht komisch? Und könnte das nicht Inhalt von tausenden dann endlich sinnvollen Selbsterfahrungskursen sein? *Die eigenen Leidenschaften erkennen und von bloßen Hobbys oder Verdrängungsbeschäftigungen unterscheiden lernen ...*

Analysieren Sie, was Sie wirklich können. Das geht leichter! Es gibt unzählige Bücher und Videos, die Portfolio-Karriereberatung anbieten. Das Angebot an Weiterbildungskursen ist gigantisch. Wenn man weiß, wo es hingehen soll, wenn man eine ungefähre Selbst-Diagnose hat, kann man schnell dazulernen, was die Feinheiten anbelangt (einige Literaturtipps in der Fußnote).[4]

Finden Sie Ihren individuellen Zukunftsdreh. L., ein guter Bekannter von mir, hat mit einem einzigen winzigen Trick seine berufliche Bestimmung gefunden und – ganz nebenher – eine Menge Geld verdient. Mit einer schlichten, winzigen *Winkelverschiebung.*

L. war ursprünglich ein Therapeut, Spezialgebiet waren Herzinfarkte. Diese große Zivilisationsseuche, immer noch Killer Nr. eins, ist unmittelbar an falsche Lebensgewohnheiten gebunden: Fehlernährung, Rauchen, Stress, schlechter Sex, *no fun*. L. arbeitete also jahrzehntelang in Rehabilitationsseminaren an der Gesundheitsaufklärung für betroffene Patienten und deren Angehörige: *Leben mit dem Herzinfarkt. Sex nach dem Herzinfarkt. Besser ernähren lernen. Bewegen lernen nach dem Herzinfarkt …*

Irgendwann stieß er an die Grenzen seines Jobs. Er fühlte sich wie Sisyphus. Er sah, wie sich die Patienten noch auf der Intensivstation die erste Zigarette ansteckten oder das erste fette Schnitzel bestellten. Er sah bei seinen Seminaren in leere Gesichter, die zwar alles mitschrieben, aber nichts davon aufnahmen. Er sah, wie mitten in der Wellness- und Schönheitswelle immer mehr Dicke mit Herzinfarkten eingeliefert wurden. Irgendwie schien es, als *wollten die Leute einen Herzinfarkt!*

Er wurde ein wenig zynisch und sarkastisch. Und genau dies machte er zu seinem höchstpersönlichen Dreh – und zu einer charmanten Volte! Er bringt jetzt Leuten bei, wie man *möglichst schnell einen Herzinfarkt bekommt!*

»Rauchen Sie! Rauchen bringt was! Rauchen entspannt – und bereitet die Koronargefäße auf die Verengung vor!

Machen Sie eine gnadenlose Zwei-Wochen-18-Kilo-Schlankheitskur nach der anderen – das macht viel schneller fett als gesunde Essgewohnheiten!

Essen Sie wie ein ordentliches männliches mitteleuropäisches Mannsbild! Wunderbare saturierte Fettsäuren vom Feinsten! Fett ist Belohnung für alle Mühen Ihres Lebens!

Regen Sie sich über jeden Sch… auf! Über laute Kinder, Verkehrsstau, Ihre Frau, das Wetter, den grantigen Nachbarn!

Seien Sie möglichst oft overworked and underfucked! Dann klappt das schnell mit dem Herzinfarkt.«

Heute tritt L. als umjubelter Star in großen Sälen auf. Er beglückt Businesskongresse, Zahnarztversammlungen, und immer noch Gruppen mit Patienten und solchen, die es (nicht) werden wollen. Das Thema passt überall, weil jeder Angst vor dem Herzinfarkt und Probleme mit der Work-Sex-Balance hat. Er produziert Bücher, CDs, MCs, Internetauftritte und Franchise-Projekte. Es ist zum Schießen. Es ist ein Wahnsinn. Es wird bereits in London aufgeführt.

Ich gebe gerne zu: nicht jedem fällt so etwas ein (genau genommen ist es ihm auch gar nicht eingefallen: es kam auf ihn zu). Aber es geht! Man kann ein Thema, einen *Clou* finden und entwickeln, der für ein kreatives Arbeitsleben reicht. Meistens sitzt die Chance im Detail, man entdeckt sie nur aus dem Augenwinkel, unter dem Einsatz von Intuition und Humor. Manche ackern verzweifelt im Hinterstübchen, über Jahrzehnte, um draufzukommen. Andere finden es, während sie gerade unter der Dusche stehen, mit 21.

Besonders wichtig: Es muss keineswegs immer etwas NEUES sein! Die Welt wimmelt von Revival-Chancen, von blendenden Ideen, die zum falschen Zeitpunkt verheizt wurden. Man denke etwa an die »Kommissar-Wallander«-Figur von Henning Mankell. In den 80ern gab es vom schwedischen Krimiautorenpaar Sjöwall/Walhö einen

---

NÜTZLICHE ZUKUNFTSFORMEL

Wir wollen nie mehr um einen Arbeitsplatz betteln!
Wir wollen nie mehr um einen Arbeitsplatz betteln!
Wir wollen nie mehr um einen Arbeitsplatz betteln!
Nie wieder!

---

melancholischen Kommissar namens Beck, der auch schon eine, wenn auch vergleichbar bescheidenere Literatur-Kultfigur war.

Das ist der eigentliche Kern der Idee »Ich-AG«. Nur Mut! *Future Fitness* ist auf einer bestimmten Ebene nichts anderes als das Finden dieses Clous. Im 21. Jahrhundert sind wir alle Künstler, Kreative, Komiker – selbst wenn wir verbindlich in einem Unternehmen arbeiten und dies auch weiterhin wollen. »Ich-AG« bedeutet nichts anderes als Stolz auf das Eigene, Lust am Netzwerk und das Vertrauen darauf, dass man sich – nicht immer, aber immer öfter – selbst verändern kann!

Überwinden Sie die Lebenslügen der New Economy – fünf Tools für das Unternehmen von morgen

1. Tool: Vom Business-Krieg zur »Coopetition«

Business ist Krieg. Auf diese schlichte Formel kann man, wenn man will, die Erfahrungen der New Economy bringen, wenn man den medialen Weihrauch abzieht. Ein neuer Markt, der IT- und Kommunikationsmarkt, wurde erobert, nun liegen die Leichen links und rechts des Weges. Investoren und brave Aktienkäufer mussten zahlen, die wenigen Kriegsgewinnler zogen sich in ihre Villen in den Bergen zurück.

Einer der größten Irrtümer der New Economy war die »Economy of Scale« – die Vorstellung, dass der reine Marktanteil den Erfolg eines Unternehmens garantiere. In Namen dieser Illusion wurden aus blühenden Märkten Wüsten, aus »Win-Win«-Situationen »Lose-Lose«-Logik. Man denke nur an den Telekommunikationsmarkt, der durch globale Preiskämpfe zugrunde gerichtet wurde und die Weltwirtschaft destabilisierte.

Ist es wirklich intelligent, dass gleichstarke Unternehmen mit gleichen Produkten und gleichen Marketingmethoden aufeinander zumarschieren wie die französischen Grenadiere des 17. Jahrhunderts (»Anlegen! Feuern! Nachrücken!«)? Michael Hammer, der berühmte Erfinder des »Reengineering«, prognostiziert in seinen jüngsten Werken das *Ende der Unternehmen der alten territorialen Art*. Er nennt die Konsequenz dieses Prozesses *virtuelle Integration*. Hammer argumentiert dabei mit dem Yoghurt. Zwei Yoghurt-Firmen, so seine Analogie, schicken ihre Yoghurts mit zwei eigenen Lastwagen-Unternehmen in die Läden. Dies wird immer teurer und ruinöser, bis sie sich schließlich zusammentun und eine gemeinsame Logistikfirma gründen. Schließlich, so zitiert Hammer das Management »konkurrieren wir ja nicht um Lastwagen oder gefahrene Kilometer, sondern um den Geschmack des Yoghurts, seine Frische, die Marke«.

In den USA sind nach einer Studie von McKinsey nur zwölf Prozent aller Merger der letzten sechs Jahre profitabel ausgegangen (Zwischenfrage: Hat McKinsey diese Merger nicht empfohlen bzw. abgewickelt?). Die Wirtschaftsprüfungsgesellschaft KPMG kam bei einer Untersuchung von 154 europäischen Fusionen im Wert von jeweils mehr als 150 Millionen Euro auf 59 Prozent Scheiterquote.

Bei schnellerer Innovationsgeschwindigkeit und »verdichteten« Märkten entsteht ein evolutionärer Druck, der dem in einem üppigen Regenwald ähnelt. In dieser Situation ist der Hang zu unbedingter Größe ein fataler Reflex. Sinnvoll ist: Jedes Unternehmen *konzentriert* sich auf das, was es *wirklich besser und anders kann* als andere. Aus dieser Position sucht es die Kooperation mit anderen.

Das Beispiel »Lufthansa« zeigt, wie klug eine solche Strategie – globale Allianzen statt globaler Übernahmen! – sein kann. In der weltweiten »Star Alliance« sind die Partner autonom und stark geblieben, aber sie gehen miteinander dennoch eine für alle Seiten höchst sinnvolle Situation ein. Ähnliche Beispiele ergeben sich bei mittelständischen Technologie-Kooperationen oder im Tourismus, wo allein ein höherer Kooperationsgrad das Überleben vieler Hotels und Ferienzentren garantieren kann. Grundsätzlich gilt: Wo viele gleiche Marktanbieter auf gleicher Ebene gegeneinander antreten, entstehen reihenweise Konkurse. Wo Ungleiche intelligent kooperieren, entstehen Win-Win-Situationen. Damit bekommt der Begriff »Competition« (von lateinisch com – zusammen – petere – anstreben) seinen eigentlichen Sinn.

NÜTZLICHE ZUKUNFTSFORMEL

Konkurrenz (Competition) + Kooperation = Coopetition

---

2. Tool: Gewinnen Sie im Wettbewerb um die Talente!

Die New Economy hat an einer Front tatsächlich Interessantes geleistet: im Menschenbild. Sie hat die Utopie des Mit-Unternehmers, des kreativen Team-Players, des *Intrapreneurs* auf die Tagesordnung gesetzt. Und eine Arbeitswelt am Horizont beschworen, in der nicht mehr Kapital- und Machtinteressen, sondern Ideen und Talente regieren.

Aber sie hat diese Idee auch zynisch ausgebeutet!

Menschliches Talent ist die zentrale Knappheit der Zukunft. Diese Aussage hat die New Economy nicht nur überlebt, sie wird in Zukunft noch bedeutsamer. In den europäischen Ländern schrumpft die Bevölkerung bei stagnierender Investition in die Bildungsressourcen. Gleichzeitig wächst die Nachfrage nach Wissen exponentiell weiter.

Welches aber sind die Talentreserven, die in den nächsten Jahren eine Rolle spielen werden?

Die Frauen: Ich kenne keinen Personalchef (und ich kenne einige), der nicht angesichts des heutigen Geschlechtergefälles verzweifelt. Ein Gefälle in unerwartete Richtung. Junge Bewerber männlichen Geschlechts sind sehr überzeugt von sich. Meistens können sie sich besser verkaufen als die jungen Frauen. Jedenfalls haben ihre Präsentationen mehr Nebensätze. Aber unterschwellig denken sie:

»Mal sehn, ob dies das Richtige für mich ist. Wenn ich mal verheiratet bin, dann kann's richtig losgehen. Da muss man dann ja für zwei oder drei verdienen … Schau'n wir mal! Ich kann dann ja mit 45 in die Geschäftsführung aufsteigen …«

Die jungen Frauen sind hingegen *richtig gut!* Das liegt nicht unbedingt an den Genen (das ist nur eine von den vielen derzeit kursierenden männerfeindlichen Theoremen), es liegt an den unterschiedlichen Lebensentwürfen. Junge Frauen wissen – sie ahnen zumindest – dass sie ihre Karriere bis etwa 35 gemacht haben müssen, wenn sie nicht auf Familie und Kinder verzichten wollen. Jungs, die viel länger als Mädels noch im »Hotel Mama« wohnen, haben ein komplett anderes Erwartungsprogramm. Die eigene Leistungsspitze wird mental auf einen Zeitpunkt jenseits der Familiengründung gesetzt, in der es zu Hause mit quengelnden Kleinkindern eher recht ungemütlich wird. (Eine Zeit, die man lieber im kühlen, musikdurchfluteten Dienst-»BMW« und im Kreise der verständnisvollen Arbeitskollegen verbringt.)

Unternehmen brauchen Leistung jedoch nicht erst nach zehn Jahren Betriebszugehörigkeit, sie brauchen den *kick start.* Und deshalb steigt der Frauenanteil trotz aller konservativer Strukturen – vor allem in den kreativen, gut bezahlten Berufen, im Marketing, in der PR, in der Kommunikation, dort also, wo der primäre Mehrwert geschaffen wird. Frauen bringen jenen *spirit* ins Unternehmen, den man auf dem steinigen Weg in die Zukunft dringend benötigt. (Frauen sind dabei keineswegs »kooperativer« und »netter«. Aber meistens »tougher«.)

Die Seniors: Industrielle Arbeit (also die Arbeit, die für unsere Väter und Großväter die Norm war) nutzt ab. Sie ist monoton, macht müde, und allzu oft sorgt sie für körperlichen Verschleiß. Zwar gibt es auch heute noch eine Menge Menschen, die monotone Arbeit verrichten müssen. Aber der Trend ist eindeutig: Aus harter Arbeit wird »hard fun«: Kreativität, Neuerfindung, Projektarbeit prägen die Arbeitswelt von morgen.

In dieser Arbeitswelt verschieben sich die Sinn-Ressourcen von der Freizeit in Richtung Arbeit: *Arbeit wird die neue Sinnfindung.* Die Biographien in der langlebigen Gesellschaft sind von *Wiederanfängen* geprägt. Zwar gibt es auch das Burn-out-Syndrom. Nach einem ordentlichen Sabbatical (ein halbes Jahr Bora Bora, mit 30jähriger Freundin, oder ein Selbstfindungsjahr auf Lanzarote) rappelt man sich in der neuen, der Wissensarbeitswelt, meist wieder hoch. Und tritt mit 60 in die nächste Phase ein. Und das Erstaunliche ist: Mann/Frau *ist dann oft besser als vorher!*

In der Welt der Wissensökonomie, in einer Gesellschaft mit veränderten biographischen Bildern, sind Seniors nicht nur etwas für den Aufsichtsrat oder den Sozialplan. Eine neue Generation von Älteren wird das Bild des Alters als »Abbau« und »Müdewerden« revidieren. Wenn man die Älteren richtig behandelt – also so, wie man auch

---

NÜTZLICHE ZUKUNFTSFORMEL

Future Business = Erfahrungsbusiness

---

seine anderen Mitarbeiter behandeln sollte: Leistung nicht an Präsenz messen, Atempausen gönnen, sie wachsen lassen, Verantwortung übernehmen lassen etc. – dann sind sie wichtige Verbündete in den kommenden Erfolgskämpfen.

In Zukunft werden – abgesehen von Geschlecht und Generation – vor allem zwei Sorten von Mitarbeitern die Unternehmenskultur prägen:

Dauerhaft »brennende« Mitarbeiter, die »es wissen wollen«, ständig mit den Hufen scharren, drängeln und auf der Karriereleiter schubsen. Dies sind Männer und Frauen, und zwar tendenziell mehr Frauen!

Professionell balancierte »Family-Wellness«-Mitarbeiter: Das sind diejenigen Mitarbeiter, die ihre Lebensmission gefunden haben, und diese Mission heißt Julia oder Sue, Jan-Paul oder Martin. Diese Mitarbeiter a) ziehen nie irgendwo hin, wenn sie es beruflich tun sollten, und schon gar nicht ziehen die Partner mit, b) sie balancieren ihr Leben, müssen um fünf Uhr den Jüngsten vom Kindergarten abholen, sind zweimal in der Woche beim Impfen/im Krankenhaus/bei der Schultheateraufführung etc. unabkömmlich. c) Sie sind hervorragende, fleißige Mitarbeiter, solange ihr Leben im mühsam erkämpften Gleichgewicht bleibt.

Es sind demnächst Frauen *und* Männer!

Work-Life-Balance-Angebote sind für beide Gruppen unerlässlich. Diese Angebote müssen a) den Workaholics gewisse Barrieren auf dem Weg zum Burn-out setzen und b) den »Balancierern« helfen, ihr immer vielfältigeres, schöneres und anstrengenderes Familien-Arbeits-Durcheinander in die Balance zu bringen. Das reicht vom Sabbatjahr bis zum Betriebskindergarten, vom hausinternen Partner-krisen-Interventions-Diplompädagogen bis zum Work-out-Room gleich neben dem Computersaal, vom Concierge-Service bis zum ausgereiften Working-Couple-Service-Modell im Topmanagement. Hier treffen sich die Flexibilisierungbedürfnisse der Firma mit den Balancierungsbedürfnissen der Individuen. Ihre Mitarbeiter werden es Ihnen mit erhöhter Produktivität, niedriger Kündigungsrate, besserer Stimmung danken!

3. Tool: Nutzen Sie Zukunftssensoren und Zukunftsagenten!

Die weltbesten Schachspieler, so hat man neulich in einer Studie herausgefunden, zeichnen sich nicht dadurch aus, dass sie genialisch konsequent ihre Strategie verfolgen und die nächsten hundert Züge perfekt voraussagen können. »Anders als es das Vorurteil und die Theorie rationaler Entscheidungen erwarten lassen, zeichnen sich gute Spieler gerade nicht durch kraftvolles Berechnen und die konsequente Umsetzung gefasster Pläne aus. Eigene Analysen von Schachturnieren bestätigen: Je besser die Spieler, desto mehr zeigen sie sich bereit, *ihre Pläne zu revidieren!*«[5]

In der Zukunft der unternehmensstrategischen Planung geht es also vor allem um »Adaptivity«, um *Anpassungsfähigkeit.* Um Wandlungsfähigkeit in den unruhigen globalen Märkten zu stärken, benötigen Unternehmen dafür bessere *Zukunftssensoren,* mit denen sie die Veränderungen des Umfelds schneller und bewusster wahrnehmen können. Dabei reicht der Instinkt des »großen« Vorsitzenden oder die Spürnase des alten Eigentümer-Unternehmers nicht mehr aus. In vielen europäischen Konzernen, selbst in großen mittelständischen Unternehmen, werden deshalb heute hektisch interne »Early-Warning«-Think-Tanks entwickelt, die mit externen Trend- und Zukunftsforschern zusammenarbeiten.

Oft schon reicht das Besetzen einer Stabsstelle mit einem erstklassigen Zukunftsagenten. In vielen amerikanischen Unternehmen gibt es seit einigen Jahren seltsame Posten und Positionen mit äußerst obskur klingenden Bezeichnungen:

- Innovation Agent
- Chief Envisioner
- Irritation Manager
- Enlightenment Specialist
- Agent for Complexity
- Chief Evolution Organizer (CEO)

Wie albern man diese Titel auch immer finden mag – sie signalisieren einen Paradigmenwechsel in den Unternehmen. Irritatoren, Infragesteller, Visionäre werden zunehmend in den Firmenorganismus integriert. Dabei gibt es im Prinzip drei mögliche Modelle, um die Future Fitness des gesamten Unternehmens zu erhöhen:

- Der interne Forecasting-Dienstleister: Großunternehmen wie »Daimler-Chrysler« leisten sich große, professionelle Zukunfts-Think-Tanks, in denen zweistellige Millionenbeträge jährlich ausgegeben werden. Nachteil: Oft kopieren diese internen Think Tanks die Tunnel-Sichtweisen ihrer Mutterfirmen, weil sie aus »demselben Holz geschnitzt sind« (man neigt dazu, Mitarbeiter, mit denen man momentan nichts anfangen kann, in diese Think Tanks hinwegzuloben).
- Externe Agenturen: Etwa 25 kleine und mittlere Unternehmen bieten im deutschsprachigen Raum Dienstleistungen im Rahmen von Trend- und Zukunftsforschung an.[6] Fall- oder Projektweise

arbeiten viele große und mittlere Unternehmen mit diesen Agenturen zusammen. Nachteile: Oft werden die Anregungen von außen nur ungenügend in die Firmenstrategie implementiert. Sie bleiben »Insellösungen«, die immer nur in der Krise eingesetzt werden – meist, wenn es zu spät ist.

- Intern-externe Agenten-Konstruktionen: Dieser Konstellation gehört die Zukunft. Unternehmen aller Größe benennen ein internes Zukunftsteam, das aber mit Trendforschern von außerhalb zusammenarbeitet und bestimmte Scanning- und Themenarbeiten von dort abruft. Damit wird die »interne Brille« relativiert, die Arbeit erhält eine gewisse Kontinuität, der »Übersetzungsmodus« ins Unternehmen wird verbindlich definiert.

4. Tool: Überwinden des Visions- und Change-Wahns!

Change! Welch sinnlich-lippiges Wort!

Von allen modischen Trendwörtern, die die New Economy nach oben spülte, ist »Change« die heimtückischste. Eingesetzt wurde es fast immer in Situationen, in denen eigentlich schon alles zu spät war. Zwischen dem letzten missglückten Merger-Versuch und dem dritten Wechsel an der Führungsspitze sollte die »Belegschaft« dann ein

---

NÜTZLICHE ZUKUNFTSFORMEL

Change-Programm = Hurra-Entertainment
kurz vor der Entlassung ...

---

wenig *changen*. Damit man nicht spürte, wie die Firma den Hang hinunterglitt.

Betty Zucker, die Schweizer Management-Beraterin, hat das in einem poetischen Text mit dem Titel »Chronic Change Fatigue« aufgespießt:[7]

ERLEUCHTENDES ZUKUNFTSZITAT

Der Sinn des Geschäftens scheint immer weniger im Geschäft als im ewigen Wandel zu liegen. Lange hofften viele, dass nach dieser x-ten Reorganisation endlich Ruhe eintritt. Bloß: Dies scheinen magische Erlösungsphantasien zu sein, die Realität sieht anders aus. Zu vieles lief schief, zu viele Verlierer schleichen durch die Gänge, als dass man »Change« allgemein noch als Chance begreift. Noch eine »Neu-Aufstellung«? Noch einmal eine neue Fassade, ein anderes Logo? Noch eine Desillusion mehr?

Ganz ähnlich der Begriff »Vision«. Visionen waren das Katzengold der »New Economy«.

Schauen wir uns mutig einmal die negativen Seiten dieses Begriffes an:

- Visionen sollen verführen, sie sollen Euphorieenergien aussenden. Damit tendieren sie jedoch zu unkontrollierten und unmoderierten Größenphantasien: Wir wollen in zwei Jahren den Markt für Hosenknöpfe weltweit beherrschen!
- Der Begriff Vision ist leer, was seine qualitativen, seine ethischen

Aspekte betrifft. Man kann die Vision eines tausendjährigen Reiches haben. Oder einer pluralen, demokratischen Gesellschaft. Visionen erleichtern Funktionalisierungen. Ihnen zu Ehren werden Opfer gebracht. An Material. Aber auch an Menschen.

- Visionen illuminieren immer einen End-Zustand, der damit als unverrückbares Ideal festgeschrieben wird. Visionen haben deshalb, wenn man den Euphorieschleier etwas beiseite nimmt, durchaus etwas Statisches. Sie fördern keinen Wandel, sondern Stress.
- Visionen sind bei näherem Hingucken meist furchtbar banal. Sie sind der Weihrauch des Selbstverständlichen: Wir haben die Vision, dass sich der Rhein-Lippe-Ruhr-Verkehrsverbund zu einem modernen Dienstleistungsangebot für Jung und Alt entwickelt. Nun ja.

Die Bilanzskandale, die die New Economy im Frühling 2002 endgültig unter die Erde brachten, können wir auch als fatale Nebenwirkung hypnotischer linearer Visionen sehen. Kirch hatte eine

---

NÜTZLICHE ZUKUNFTS-FORMEL

Vision = Fix(iert)e Idee
Vision NEU = authentische Unternehmenskultur

Vision – er wollte um jeden Preis ein Mega-Medienplayer werden. Der Baulöwe Schneider aus dem Taunus hatte ebenfalls eine Vision. Bernie Ebbers von »Worldcom« hatte eine gewaltige Vision. Die

Führungsspitze von »Enron«. Ron Sommer von der »Telekom«. Und so weiter …

Die Megapleiten und Betrugsskandale des New-Economy-Niedergangs fanden nicht zufällig in relativ jungen Firmen-Konglomeraten mit starken Vision Claims statt. Diese Firmen entstammten hastig zusammengeschusterten Fusionen und Akquisitionen, es mangelte an einer gewachsenen Firmenkultur, die sich über Krisen hinweg bewährt hatte. In ihnen brachen die Immunsysteme zusammen, die jeden Organismus mit seiner Umwelt (und sich selbst) im Reinen halten.

Ich schlage vor, dass wir das Standbein unseres Zukunftsdenkens von der fixen Vision (es mag durchaus Situationen geben, wo dieses Wort angebracht ist; etwa in bewusst schnellen Wachstumsprozessen) auf die *gelebte* Unternehmenswerte-Kultur verlagern. Dabei geht es nicht um wohlklingende Kataloge des Wohlverhaltens oder die Abarbeitung von Pflichtwörtern. *Im Buch der Unternehmensphilosophien*[8] sind 301 Firmenphilosophien von US-Unternehmen aufgelistet (die Tafeln in der Empfangslobby mit den goldenen Worten). Und die Begriffe, mit denen da gearbeitet wird, gleichen sich wie ein Ei dem anderen:

- Kundendienst (230-mal)
- Kunden (211-mal)
- Qualität (194-mal)
- Wert (183-mal)
- Mitarbeiter (157-mal)
- Wachstum (118-mal)
- Umwelt (177-mal)

Die wirklichen Kulturmerkmale eines Unternehmens sind hingegen oft nicht einmal schriftlich fixiert. Sie sind zu »Memen« geworden, zu Verhaltensmustern, die ein Unternehmen geschmeidig, authentisch halten können. In der Fairness-Firmenkultur von »Hewlett Packard« benötigt man nicht allzu viele Gesetze. Bei »Bertelsmann« weiß man, um welche Themen die Firmenwerte kreisen – Toleranz, gesellschaftliche Verantwortung und soziales Engagement erklären sich nicht nur aus Messingschildern in den Gütersloher Lobbys, sondern auch aus einer Vielzahl von Stiftungsprojekten und Public-Private-Partnerships, in die das Unternehmen seit Jahrzehnten Energie und Liebe hineinsteckt. Die US-Firma »Nordstrom«, ein Handelsunternehmen, hat nach vielen Experimenten alle Sonntagsregeln über den Haufen geworfen. In der Eingangshalle steht in großen Lettern an der Wand:

NÜTZLICHE ZUKUNFTSFORMEL

Nutzen Sie immer Ihr eigenes Urteilsvermögen.
Weitere Regeln gibt es nicht!

---

5. Tool: Abschied vom »blinden Innovationismus«

Obwohl es sich um so etwas wie den Heiligen Gral des Zukunftsgedankens handelt: Ich finde »Innovationswettbewerbe«, auf denen glücklich-blasse junge Menschen mit merkwürdigen Geräten herumstehen, zunehmend peinlich. Die Firmen, die bei solchen Anlässen gegründet werden, sind in einem Jahr wieder pleite, und die

Reden, die gehalten werden, triefen von jener fragwürdigen Substanz mit Namen »gut gemeint«, die das Gegenteil von gut ist.

Der Begriff verdankt seine unglückliche Überblähung nicht zuletzt einem sinnverbiegenden Missverständnis: Da »wir Deutschen (Österreicher, Schweizer)« uns immer wahnsinnig *un-innovativ* fühlen, erklären wir Innovation im Umkehrschluss zu einer Art romantischen Erlösungshoffnung. Im angelsächsischen Sprachraum hingegen wird das Wort in ganz weltlichem Sinne gebraucht: als ständige Veränderung, Anpassung, Weiterentwicklung.

Ist Innovation wirklich der Schlüssel zu jedem Zukunftsgeschäft? Natürlich, wenn man Innovation als das *genuin andere* eines Unternehmens oder Produkts versteht – seine eigentliche Kernleistung, sein »Leistungspfad«. Aber:

- Wirkliche Innovation im Sinne von »sensationellem Durchbruch« ist extrem selten. Sie kommt, als große, alles umkrempelnde Technologie-Welle, etwa alle vierzig Jahre in der Geschichte vor, analog zu den Kondratieff-Wellen. Alles andere ist im Grunde Verbesserung.

- Innovation alleine – im ursprünglichen Sinne einer Idee – führt meistens nicht zum Unternehmenserfolg. Schicksale wie die Technik-Schmiede »Xerox« zeigen, wie sehr die Fähigkeit, etwas Spektakuläres zu erfinden, und die Fähigkeit, daraus einen Markt zu machen, auseinander klaffen können.

- Durchbruchsinnovation entsteht in Zukunft nicht mehr durch Genialität, auch nicht durch das Aussetzen von Innovationspreisen, sondern durch gigantische, weltweite Wissensnetze, in denen es um viele Millionen Dollar geht (man denke etwa an die Erforschung des genetischen Codes).

- Wahre Innovation ist meistens gar nicht das, was darunter verstanden wird: geniale Neuerfindung. In den Überdruss-Märkten sehnen wir uns vielmehr nach Innovationen, die in Wirklichkeit Reifungen sind.

Ich möchte einige Innovationen auf meiner persönlichen Wunschliste nennen (»Würde ich sofort und auf der Stelle kaufen!«):

- Ein Handy, das ein Organizer ist, das mein Festnetzgerät komplett ersetzt und bei dem ich sowohl die Bedienung als auch die Tarife auf Anhieb verstehe …
- Eine wohldesigntes, kabelloses, durchdachtes Audio-Video-System für meine Wohnung, das durch die Wand überträgt und bei dem ich wirklich die Komponenten nach und nach nachkaufen kann, die auch noch in zehn Jahren zueinander passen. (»Bang & Olufsen« ist am nächsten dran, aber immer noch nur kurz davor und warum gibt es so was nicht auch in erschwinglichen Preisbereichen?)
- Ich habe in einem Anfall von wundersamer Umnachtung einen Teil eines historischen, 400 Jahre alten Gebäudes gekauft. Ich hasse deshalb Kabelkanäle und Betonarbeiten in Häusern. Ich wünsche mir – neben WLAN-Systemen (»wireless local area network«) mit besserer Reichweite – ein Lichtschalter-System, das ohne Kabel funktioniert. (Ein solches System gibt es schon, aber nur als Prototyp: Der »Siemens-Spin-off ENOcean« arbeitet daran. Ganz simpel: Jeder Knopfdruck lässt den Schalter ein kleines Funksignal abstrahlen, das an Lampen einen Impuls auslösen kann. Der Schalter braucht keine Stromzufuhr, es reicht die Energie des Knopfdrucks … einfach smart!)

Wirkliche Innovation in der Post-Tech-Hype-Ära wird sich vor allem in Richtung auf *Re-Innovation* entwickeln: Wie so oft in der Geschichte bringt erst der dritte oder vierte oder fünfte Versuch ein wirklich brauchbares Artefakt hervor (man denke etwa an die lange Produktgeschichte des Autos vom explodierenden Benzinkutschbock zum schnurrenden Boliden unserer Tage):

- *Integrierung:* Wir leben in einer technoiden Welt der »offenen Enden«, in der nichts zueinander passt. Diese losen Enden der Technologie miteinander zu verbinden, die Komponenten »smart« zu machen, wird die heroische Aufgabe der Infotech-Innovateure der Zukunft sein (oft ist dies mehr Dienstleistung als Technologie).
- *Simplifizierung:* Viele Produkte unseres alltäglichen Lebens benötigen eine radikale Vereinfachung, oder sie werden im Orkus des großen Sperrmülls verschwinden. (Beispiel: Die Radios der südafrikanischen Firma »Freeplay«, das ohne Batterien nur mit Aufzug durch eine Handkurbel funktioniert. Inzwischen gibt es nach dieser Methode auch Minensuchgeräte, GPS-Systeme etc.)
- *Komplexe Eleganz:* Warum ist ein »BMW« ein solch erfolgreiches, faszinierendes Ding? Gewiss: Weil Innovationen in ihm stecken. Aber diese Innovationen als Einzelphänomene stören eher. Was einen »BMW« ausmacht, sind Vollendungen. Der Geruch. Das seidenweiche Geräusch des Motors. Die wunderschöne Form des Steuerrades, die Linie der hinteren Flanke (obwohl … beim neuen Siebener … aber lassen wir das jetzt). Ein »BMW« ist eine »Evolutionsgeschichte« von Design, Metall, Verarbeitung, Formwissen, Funktionswissen, das von technischen und ästhetischen Integrationen handelt (siehe auch das Design-Kapitel).

Die gute alte Marktforschung kann einem in diesem Prozess noch Flankenschutz geben. Aber sie ist nicht mehr als eine Serviceleistung, und in den entscheidenden Phasen eines Innovationsprozesses wirkt sie eher behindernd. Wahre Innovationen ergeben sich weder aus der linearen Fortschreibung des Gewesenen noch aus der Abfrage von Kundenwünschen. In den komplexen Marktumfeldern der Zukunft ähneln Innovationen immer mehr spontanen Evolutionsprozessen, die plötzlich das Mögliche und das Utopische zusammenfügen. Durch Erhöhung der Future Fitness kann man sich darauf trainieren, diese »Pforten der Möglichkeit« wahrzunehmen. Markttechnisch erzwingen und »sauber ausrechnen« kann man sie nicht.

NÜTZLICHE ZUKUNFTSFORMEL:

Innovation gestern = Planung des nächsten Schritts
Innovation morgen = spontane Reifung von
komplexen Systemen

Die Zukunft: Das organische Unternehmen

Arie de Geus, ein Business-Philosoph und Szenario-Experte, der die Lebensspannen großer Unternehmen über die Jahrhunderte verfolgte, fand vier Faktoren als Voraussetzung für die Langlebigkeit von Unternehmen:

- Sensibilität gegenüber dem sozialen und politischen Umfeld,
- Kohäsion und Identität im Sinne der Fähigkeit, eine Firmenkultur aufzubauen,
- Toleranz und Dezentralisierung der inneren Strukturen,
- konservative Finanzierung, die nicht über Risikokapital abläuft.[9]

Besonders der letzte Punkt verlangt Beachtung, widerspricht er doch allen Weisheiten, die wir in der New Economy verinnerlicht hatten. Kapitalmärkte sind gut und schön, aber nur wenn ein Unternehmen »sich selbst gehört«, kann es *adaptiv* wachsen, nach seinen Fähigkeiten und Möglichkeiten, angepasst an die Möglichkeiten seiner Nische, seiner Mission. Kapitalmärkte sind gut und schön, aber sie erzeugen auch einen bisweilen unnatürlichen Zwang zum Wachstum, der nicht nur Betrug und Bilanzfälschung fördert, sondern auch überhastete und unangemessene Strategien.

In den volatilen, überbesetzten und stark zyklisch schwankenden Märkten der Zukunft müssen Unternehmen zum ersten Mal in der Geschichte des Kapitalismus ein altes ökonomisches Paradigma infrage stellen: den Wachstumszwang. Sie müssen nicht nur schnell wachsen können, wenn die Marktlage es erfordert und erlaubt. Sie müssen auch die Möglichkeiten des Schrumpfens, der Teilung und des Überwinterns beherrschen.

Die besondere Kunst dabei liegt darin, diese Prozesse im Einverständnis mit dem Humankapital zu gestalten. Die Verunsicherungen und Turbulenzen, die durch Kündigungswellen ausgelöst werden, sind für den Organismus eines wissensbasierten Unternehmens tödlich. Fabriken kann man ersetzen, aber der Verlust der zentralen Talente, der Identifikation, kostet die Existenz.

Ist dies nicht eine Unmöglichkeit? Widerlegt sich eine »Organisation« nicht gewissermaßen selbst, indem sie ihren Mitgliedern nichts als Unsicherheit anbietet? Viele Erfahrungen der vergangenen Jahre zeigen, dass Identifikation durchaus auch in höherer Selbstverantwortung entstehen kann. Es bedarf allerdings einer neuen Aufmerksamkeit für die Talente des Mitarbeiters. Aus der Parole »wir sichern Deinen Arbeitsplatz« wird der Kontrakt »Wir helfen dir bei deiner Job-Fitness«. Erfahrungen bei Unternehmen wie »Volkswagen«, wo die Vier-Tage-Woche eingeführt wurde, um die Mitarbeiter in Krisenzeiten zu halten, zeigen, dass eine solche Philosophie nicht nur in den informellen und kreativen Berufen Wirklichkeit werden kann. Die Grundvoraussetzung: Offenheit, Ehrlichkeit und eine grundlegende Identifikation mit dem »spirit« des Unternehmens.

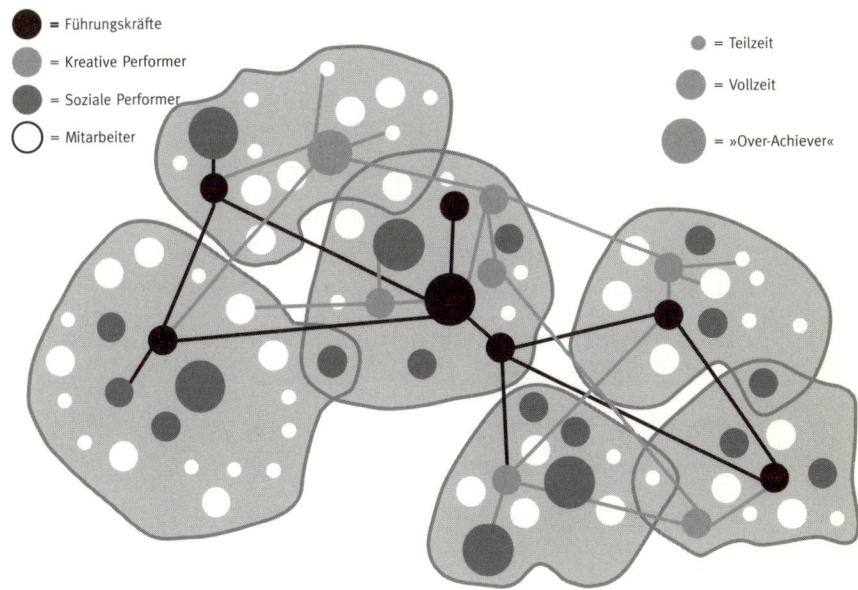

Das »amöbenartige« Unternehmen

Das High-Tech-Unternehmen »GoreTex« mit seinem Hauptsitz in Delaware und 400 Niederlassungen in der ganzen Welt ist ein Vorläufer und Prototyp dieser neuen Organisationsform. Es ist seit 35 Jahren hochprofitabel. Keine Einheit, kein Standort weist eine Kopfgröße von mehr als 150 Personen auf. Formale Hierarchien lehnt dieses Unternehmen ab. Eine Visitenkarte von »Gore« wird immer nur den Titel *Associate* aufweisen. Bei »Gore« nennen sich die Führungspersonen »Sponsoren« und »Mentoren«. Und dieses Unternehmen ist sehr erfolgreich. Es wächst, indem es sich zerlegt. Es wächst *mikrobakteriell.*

So also könnte es idealtypisch aussehen, das Unternehmen der Zukunft: organische Strukturen, die eher an »Schwärme« erinnern als an die hierarchischen Funktionsbäume. Flexible, »atmende« Einheiten, die an den Rändern zu externen Dienstleistern, Zulieferern und Coopetition-Partnern hin ausfransen.

Was wir in unseren Familienmodellen und individuellen Biographien längst erleben – die Zunahme der zeitlichen und räumlichen Optionen, der Komplexität und Vielfalt – prägt auch die Unternehmenswelt der Zukunft. Es wird immer noch vertikale und horizontale Riesen geben, globale Konglomerate und mächtige »Trusts«. Aber das typische Unternehmen der Zukunft ist untypisch, einmalig, unvergleichbar. Es gibt virtuelle Unternehmen, die mit zehn Mitarbeitern ganze Weltmärkte bewegen. Mächtige, unscheinbare, hartnäckige Nischenplayer, die in ihrem Bereich den Markt dominieren. Es wird viele schnelle Beiboote geben, Multi-Player, Hasardeure, die mit Tarnung und Täuschung arbeiten. Symbionten, die ihre Dienste den Riesen andienen, schnell wachsen und schnell vergehen …

Woran erinnert uns das? An die Gesetze der Evolution. Wenn die

NÜTZLICHE ZUKUNFTSFORMEL

Future Company = Mikroskopische Monopolwirtschaft
Amöbenartige Vetternwirtschaft
Netzwerkhafte Wir- und Co-Wirtschaft

---

alten, industriellen Märkte Steppen und Savannen waren, in denen man mit Gemächlichkeit, Herdentrieb, Gleichheit, Größe oder Vielzahl noch evolutionäre Vorteile verbuchen konnte, dann ähneln die Märkte der globalen Wissensökonomie mit ihrem hohen Evolutionsdruck, aber auch hoher Artenvielfalt den Biotopen des tiefen Dschungels.

Im Dschungel kommen diejenigen weiter in die nächste evolutionäre Runde, die sich bewegen können, wenn das Wasser steigt. Oder dann auf Wasseratmung umstellen. Oder eine Strategie haben, mit Wasser Geld zu verdienen. Im Dschungel passiert genau das, was das Wesen der Netzwerk-Ökonomie, der *Next Economy* ist: *konsequente Nischensuche bei höchstmöglichem Kooperationsgrad.*

Die New Economy war über weite Strecken alles andere als neu. Sie war neu lackiertes Altsein, Old-Economy-Wolf im New-Business-Schafspelz. Die New Economy war gleichzeitig eine Übungsanstalt für das Neue, eine wild zusammengeschraubte Probebühne, auf der die Ökonomie der Zukunft als Karikatur, Drama und schließlich Farce probeweise uraufgeführt wurde. Wir sollten uns nicht von ihr distanzieren, sondern sie in diesem pubertären und provisorischen Wesen rückwirkend annehmen und akzeptieren!

Die New Economy ist tot, es lebe die Next Economy!

New Economy	Next Economy
Turbo-Wachstum	Organisches Wachstum
Technologie	Systemeleganz
Börsenwert	Langfristiger Wert
Risikokapital	Humankapital
Innovation total	Konsequente Verbesserung
Markt-Eroberung	Nischen-Orientierung
Risiko	Identität
Gurus	Moderatoren
Marktanteil	Adaptionsfähigkeit

Schlusswort: Lernen Sie schöner scheitern!

Und schließlich das letzte Element von »Zukunftsfitness«: Die Fähigkeit, sinnvoll zu scheitern!

In meiner mittleren Lebensphase, als ich ein Journalist mit schwerem Veröffentlichungsdruck bei einem großen deutschen Wochenblatt war, imaginierten wir in unserer Jungredakteursclique abends nach dem dritten Wein immer eine imaginäre Zeitschrift, die wir einmal wöchentlich selbst herausgeben würden. Natürlich würde das ein Riesenerfolg, supercool, so wie der *New Yorker*. Einen tollen Titel hatten wir auch schon:

Schöner Scheitern – Magazin für kluge Männer und Frauen mit Anspruch an das Leben.

Für die erste Nummer hatten wir uns folgende Titelthemen ausgedacht:

- Scheitern im Beruf: Wie man in vielversprechenden Karrieren zuverlässig versagt.
- Scheitern, körperlich: Wie man nachhaltig ungesund lebt.
- Scheitern, privatissimo: Wie man sich gekonnt ungeschickt in Liebesdingen anstellt, uneheliche Kinder zeugt, ständig die falschen Liebhaber begehrt und dabei konstant und eskalierend kreuzunglücklich bleibt.

Wir sind nie über unsere virtuelle Nullnummer herausgekommen, aber was wahr ist, bleibt wahr: Wir geben unser Bestes. Wir machen uns »future fit«. Aber am Ende, in der Zukunft, wird nicht alles so laufen, wie wir uns das vorstellen.

Wir werden scheitern.

Der visionäre Business-Plan, den wir nach vielen Jahren Ringen mit den Dingen aufgestellt haben, ist gut und schön und unglaublich klug. Aber *irgendwie* klappt es dann doch nicht ganz so mit den Umsatzzahlen. Der Job, den wir als Herausforderung und Krönung unserer Karriere angenommen haben, ist bei Licht und am Freitagabend besehen eben doch nur eine Ackerei in der Fremdenlegion. Und die Firma, in die wir so viele Hoffnungen gesetzt hatten, besteht eben auch nur aus überforderten Chefs und schlecht gelaunten Kapitalgebern (selbst dann, wenn wir *selbst* der Chef sind). Und vor allem: Wir werden älter.

Wir werden scheitern.

Natürlich ist der Vorsatz, dass wir in Liebe und Partnerschaft *alles ganz anders machen* werden als unsere Eltern, reichlich ehrgeizig. Anders haben wir es schon gemacht. *Aber ist es dadurch wirklich besser geworden?*

Natürlich sind unsere Kinder, unsere geliebten Botschafter in die Zukunft, von denen wir uns so viel Klugheit, Souveränität, Witz erwartet hatten, eben auch nur Süßigkeiten fressende und Computerspiele glotzende Kids mit heftigen Pubertätsproblemen geworden.

Immer schon sind Menschen gescheitert. Aber früher prädestinierte die Klassen- oder Schichtzugehörigkeit Erfolg oder Misserfolg, schliff Chancen, aber auch Niederlagen ab, bevor sie überhaupt entstehen konnten. Man sah den Leuten an der Nasenspitze an, in welche Schicht sie hineingescheitert waren. Wer auch am Klassenerhalt scheiterte, wurde diskret aufgefangen. Es fand sich schon ein Plätzchen für ihn, in einer Pförtnerloge, als Untermieter bei Tante Erna, als – wie hieß das damals – Hagestolz oder alte Jungfer.

Heute, wo wir *alle* Sonderlinge geworden sind – Individualisten eben – lässt sich das Scheitern nicht mehr verbergen. Und das Risiko nimmt zu. Wir fahren lebensgeschichtlich einen heißeren Reifen als unsere Vorfahren. Wir trauen uns etwas. Wir wollen etwas. Wir lassen uns nicht so leicht abspeisen mit den mittelmäßigen Dingen.

Wer Großes will, kann groß scheitern.

LETZTES ERLEUCHTENDES ZUKUNFTSZITAT

Wenn man Luftschlösser gebaut hat, muss man seine Arbeit daran nicht als vertan abschreiben; Luftschlösser gehören in die Luft. Nun errichte man darunter das Fundament!

Henry David Thoreau

Woody Allen, der Guru des theatralischen Scheiterns, erzählt uns jedes Jahr in einem Film davon, wie wir Neurotiker, Sensibelchen, zarten Pflänzchen an den großen und kleinen Gefühlen und Unpässlichkeiten des Lebens Schiffbruch erleiden. Das Leben ist ein Roadmovie. Alle wirklich guten Filme, Romane, Lebensgeschichten sind letztlich Geschichten des Scheiterns. Uschi Glas. Lothar Matthäus. Michael Jordan, Naddel, Verona und Dieter. Selbst der narzisstisch entstellte Michael Jackson – die Stars der modernen Welt werden für uns erst greifbar im Scheitern. Dagegen ist die Welt des puren Gewinnens seltsam fad und suspekt.

Nur wer Scheitern erfährt, erfährt Differenz, Eigenheit – und seelisches Wachstum. Scheitern ist das letzte, das fundamentalste Geheimnis von Future Fitness. Überprüfen Sie das selbst: An was sind Sie gescheitert? Wie »gut« war Ihr Scheitern? Ich verrate Ihnen zum Schluss noch meine fünf »unmöglichen Missionen«:

- romantischer Rockgitarrist
- Comiczeichner
- andalusischer Alternativbauer
- Chefredakteur
- kinderloser Intellektueller

Jedes einzelne Scheitern hat mich über Umwege zu etwas anderem, Komplexeren – und mir letztlich Näherem gebracht. Und dies wollte ich Ihnen noch mit auf den Weg in die Zukunft geben:

Scheitern Sie wohl!

Anmerkungen

Future Mind

1   Mehr zu dieser historischen Begebenheit in: Svoboda, Helmut: *Propheten und Prognosen*, München 1979
2   Siehe u.a.: Cuhls, Kerstin u.a.: Innovations for our Future, Delphi 98, *New Foresight on Science and Technology*, Heidelberg 2002, S. 17
3   Postman, Neil: *Die Zweite Aufklärung*, Berlin 2001
4   Für besonders leidenschaftliche »future basher« gibt es sogar ein ganzes Buch über verunglückte Prognosen: Lee, Laura: *Bad Predictions – 2000 years of the best minds making the worst forecasts.* Rochester, MI 2000
5   Sloss, Robert: »Das drahtlose Jahrhundert«, in: *Die Welt in 100 Jahren*, Berlin 1910. Nachdruck: Hildesheim/Zürich 1988. Nur noch antiquarisch oder über das Zukunftsinstitut-Archiv.
6   Kahn, Hermann/Wiener, Anthony J.: *Ihr werdet es erleben*, Zürich 1998
7   Siehe auch Svoboda, Helmut: *Propheten und Prognosen*, a.a.O., S. 232
8   Siehe das *Lexikon der Populären Listen*, Piper 1999, S. 373
9   Siehe dazu auch Hölscher, Lucian: *Die Entdeckung der Zukunft*, Frankfurt 1999, besonders die Seiten 134-139

10 Mandel, Michael J.: *The Coming Internet Depression – Why the High Tech Boom will go bust, Why the Crash will be worse than You think, and how to prosper afterwards*, New York 2000

11 Hölscher, Lucian: *Die Entdeckung der Zukunft*, Seite 135

12 Lem, Stanislaw: *Die Entdeckung der Virtualität*, Frankfurt 1996

13 Naisbitt, John: *Megatrends – 10 Perspektiven, die unser Leben verändern*, Bayreuth 1984

14 *Der Spiegel* 24/2001

15 Ulfkotte, Udo: *So lügen Journalisten*, München 2001, S. 114

16 Siehe z.B. Karen, Robert: *The Forgiving Self: The Road from Resentment to Connection*, New York 2000

17 Showalter, Elaine: *Hystorien – hysterische Epidemien im Zeitalter der Medien*, Berlin 1997, S. 11 ff

18 Homer-Dixon, Thomas: *The Ingenuity Gap – can we solve the Problems of the Future?* Canada 2001

19 Krämer, Walter/Mackenthun, Gerald: *Die Panik-Macher*, München 2001

20 Maxeiner, Dirk/Miersch, Michael: *Die Zukunft und ihre Feinde – Wie Fortschrittspessimisten unsere Gesellschaft lähmen*, Frankfurt 2002

21 Brockman, John (Hg.): *Die nächsten fünfzig Jahre – wie die Wissenschaft unser Leben verändert*, Berlin 2002

22 Helmut Klemm hat in der *Zeit* über diese Frage einen guten Essay geschrieben, in dem er nachweist, dass es eher andersherum ist: das Wissen »verlangsamt« sich in vielerlei Hinsicht. (»Horizont der Erkenntnis«, *Die Zeit* vom 3. Januar 2002, S. 26).

23 Talbott, Steve: *Was kommt nach der Informationsgesellschaft?* München 2001

24 Wacker, Walter, zitiert nach David Remnick: *The Future as a Story, in: Visions of Technology*, New York 2001

25 Zitiert nach Swoboda, Helmut: a.a.O.

26 Siehe u.a. Tiger, Lionel: *The Pursuit of Pleasure*, Transaction Publishers 2000.

27 Siehe zum Beispiel Berry, Colin: »Risiko, Wissenschaft und Gesellschaft«, in *NOVO* 9/2002, S. 20

28 Pauwels, Louis: *Manifest eines Optimisten – Eine Abrechnung mit pessimistischen Futurologen, Schwarzsehern, Untergangsphilosophen und anderen Totengräbern unserer Lebensfreude und Zukunftshoffnung*, Bern 1972. Nur noch antiquarisch erhältlich (oder über das Zukunftsinstitut-Archiv).

FUTURE TOOLS

1 Heiko Ernst in einem Editorial zu *Psychologie Heute* im Jahr 2000

2 »In Mailand nichts Neues«, *Rondo*, Beilage des *Standard*, 5.7.2002

3 Wer sich für statistische Details der Mega-Trends und die vertiefte professionelle Arbeit mit ihnen interessiert, dem empfehle ich die Megatrend-Dokumentation des Zukunfts-Institutes (www.zukunftsinstitut.de)

4 Siehe auch *Megatrend Reife*, die Studie von Dr. Andreas Giger im Zukunftsinstitut-Verlag, Kelkheim 2002

5 Kenichi Ohmae in einem Interview, in: *Süddeutsche Zeitung* Nr. 77, 3.4.1999, S. 11

6 Joffe, Joseph: »Der deutsche Patient« in: *Die Zeit, 3.1.2002*

FUTURE BUSINESS

1   Die Feinheiten dieser Methode finden Sie in Tellis, Gerald J./Golder, Peter N.: *Will and Vision – How Latecomers Grow To Dominate Markets*, New York 2002

2   Davids Brooks, Autor von *Die Bobos – Lebensstil einer neuen Elite*, in einem Interview in *Newsweek*, 1.1.2002

3   Der Kolumnist Robert Samuelson in *Newsweek*, 17.7.1995

4   Im österreichischen *Standard* vom 8.4.2002 in einer Glosse

5   Siehe auch Gespräch mit John Quelch, »Die Abstreifer«, *GDI Impuls* 2/02, S. 36

6   Brooks, David: *Die Bobos – Lebensstil der neuen Elite*, Berlin 2001

7   Siehe auch das Buch von Lewis, David/Bridger, Darren: *The Soul of the New Centomer: Authenticity, What We Buy And Why in the New Economy*, Nicholas Braley, London 2000

8   Ettenberg, Elliott: *Next Economy – will you know where your customers are?*, New York 2002

9   Siehe auch Pine, Joseph B./Gilmore James H.: *The Experience Economy – Work is Theatre and Every Business is a Stage.* Harvard Business School 1999.
Und von beiden Autoren den Artikel »Das Erlebnis ist das Marketing«, in: *GDI Impuls 2/02*, S. 27

10 *Time Special*, 20. August 2001

11 Die hier geschilderten Entwicklungen und Märkte sind ein kleiner Ausschnitt aus einer Studie des Zukunftsinstitutes mit dem Titel *Sensual Society – der neue Luxus oder die neuen Märkte des Sinn- und Sinnlichkeitszeitalters*, Autor: Matthias Horx. Erhältlich für 150 Euro unter www.zukunftsinstitut.de

12 *Wired* 7/02

13 Zwei weltweit bedeutende, aber in Deutschland nahezu unbe-
kannte Automarken, die vor allem im Billigbereich punkten.

FUTURE FITNESS

1 Die volle Geschichte von Greg Smith z.B. in *Süddeutsche Zeitung
Magazin* vom 11.7.2002, S. 10

2 Aus: Giger, Andreas: *Lebensgestalter – Broschüre zu einem neuen
Menschenbild.* Erhältlich über das Zukunftsinstitut

3 Tulgan, Bruce: *Winning the Talent Wars*, New York 2001

4 Hier einige Vorschläge für Ich-AG-Bücher, die lesenswert sind:
Lanthaler, Werner/Zugmann, Johanna: *Die ICH-Aktie*, Frankfurt
2000
Seidl, Conrad/Beutelmeyer, Werner: *Die Marke ICH – So entwi-
ckeln Sie Ihre persönliche Erfolgsstrategie*, Wien/Frankfurt 2000
Bryan, Mark: *The Artists Way at Work- Twelve Weeks to Creative
Freedom*, London 1998

5 Siehe auch Leifer, Eric M.: *Actors as Observers*, Harvard Studies in
Sociology, New York 1991

6 Siehe auch das »*Handbuch Trend- und Zukunftsforschung*«,
Zukunftsinstitut-Verlag, Kelkheim 2003

7 Zucker, Betty: »Chronic Change Fatigue«, in: *GDI Impuls 2/02*,
S. 7

8 Siehe Trout, Jack/Rifkin, Steve: *Die Macht des Einfachen*, Wien/
Frankfurt 2000, S. 119

9 Siehe auch de Geus, Arie: The Living Company – *Habits for Sur-
vival in a Turbulent Business Environment*, Boston 2001

Die New Economy ist tot.
Es lebe die Smart Economy!

Matthias Horx
Smart Capitalism
Das Ende der Ausbeutung
208 Seiten · geb. mit SU
€ 22,90 (D) · sFr 41,–
ISBN 3-8218-1664-3

Der neue Kapitalismus macht vielen angst und erzwingt eine
ungewollte Flexibilität. Der Zukunftsforscher Matthias Horx
zeigt, daß die auf Teamwork, Innovation und Kooperation basie-
renden Anforderungen die Ressource »Mensch« nicht nur
fordern, sondern auch pflegen. Das Leben wird komplexer und
anstrengender, aber auch selbstbestimmter.

»Smart Capitalism ist bei weitem keine Formel zur Rettung der
Welt ... Es ist der Versuch, die vielen Diskussionen um eine neue
Ökonomie miteinander zu verbinden.« *Süddeutsche Zeitung*

Eichborn.
Kaiserstraße 66
60329 Frankfurt
Telefon: 069/25 60 03-0
Fax: 069/25 60 03-30
www.eichborn.de
Wir schicken Ihnen gern ein Verlagsverzeichnis.

Warum Mitarbeiter kündigen ...

Wolfgang Schur
Günter Weick
Da waren's nur noch neun
Wie man auch
die besten Mitarbeiter vergrault
240 Seiten · geb. mit SU
€ 19,90 (D) · sFr 36,–
ISBN 3-8218-3949-X

Gute Mitarbeiter sind das größte Kapital eines Unternehmens –
warum werden sie dann so schlecht behandelt?

Wolfgang Schur und Günter Weick schildern in einer Mischung
aus spannender Romanhandlung und pointierten Fehleranalysen,
wie Unternehmen durch unbewußt begangene Managementfehler
und eine falsche Personalpolitik die besten Mitarbeiter in die
Kündigung treiben.

 Eichborn.
Kaiserstraße 66
60329 Frankfurt
Telefon: 069 / 25 60 03-0
Fax: 069 / 25 60 03-30
www.eichborn.de
Wir schicken Ihnen gern ein Verlagsverzeichnis.

»*Provokationen mit Esprit*«

stellenlinks.ch

Judith Mair
Schluss mit lustig!
Warum Leistung und Disziplin
mehr bringen als emotionale Intelligenz,
Teamgeist und Soft Skills
184 Seiten · geb. mit SU
€ 16,90 (D) · sFr 31,–
ISBN 3-8218-3962-7

Emotionale Intelligenz, Flexibilität und der »Spaßfaktor Arbeit«
sind die Lügen einer modernen Unternehmenskultur. Denn was
soll damit gemeint sein? Arbeit macht eigentlich keinen Spaß,
flexible Arbeitszeiten bedeuten Überstunden bis spät in die
Nacht, Eigenverantwortung heißt in der Realität Selbstausbeu-
tung. Judith Mair plädiert für Leistung, klare Hierarchien und
Fachkompetenz.

»Erwartet hätte man eine Polemik. Statt dessen erweist sich
Judith Mair als nüchterne wie genaue Beobachterin, die sehr
geradlinig argumentieren kann.« *Berliner Morgenpost*

Eichborn.
Kaiserstraße 66
60329 Frankfurt
Telefon: 069 / 25 60 03-0
Fax: 069 / 25 60 03-30
www.eichborn.de
Wir schicken Ihnen gern ein Verlagsverzeichnis.